묘신계록

묘신계록 제1권

인스타그램 Instagram @meoshinke | 유튜브 YouTube @meoshinke

삼목구

얼굴귀신

구미호

불가사리

성주신

노앵설

업신

우렁각시

식인귀

야광귀

그슨새

닷발괴물

이무기

뒷간귀신

몽달귀신

호문조

석굴선생

자박령

장발귀

달걀귀신

묘두사

손각시

회음

어둑시니

아귀

골출귀

해태

지룡

천구

범

천록벽사

지하국대적

충기여서

두억시니

조왕신

수룡

탁탁귀신

창귀

거구귀

지귀

쥐도령

황룡

방상시

강철이

물귀신

거인

배화노인

동자삼

차 례

Special Thanks to

'묘시월드'라는 이름의 첫 번째 요괴도감부터
'묘신계'라는 새 브랜드명 아래 애니메이션 시리즈가 탄생하기까지,
2019년부터 수차례 텀블벅 펀딩을 통해 저희 '화화 스튜디오'의
요괴도감 프로젝트를 후원해주신 분들께
특별한 감사의 인사를 올리며 그분들의 이름을 여기 새깁니다.

바식동   이승준

김자혜   르마고   백영주
혜민교영   BACK LYN

백동철   세진   윤수종   홍명진

권용성   박상준   서지현   아거북

오은지   전수용   정자윤   최석홍

cielo   DEWEY   E.JeongA.9102

NOOGOONA(김태헌)   Wol

이름은 펀딩 횟수와 가나다 순을 따랐습니다.

서론

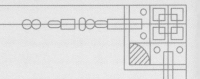

묘신계로 가기 전에 반드시 알아야 하는 사항들이 있습니다. 묘신계의 기본 정보부터 괴력난신들을 이해하는 데 도움이 되는 자료들입니다. 이를 모른 채 혹은 무시하고 묘신계의 주민들을 만날 시 어떤 일이 벌어져도 책임질 수 없음을 알려 드립니다.

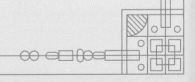

한국 판타지 세계 '묘신계'

이 도감은 한국 판타지 세계 '묘신계'와 그곳에 사는 한국의 요괴·귀신·신수·신령의 이야기를 모은 책입니다. 모든 캐릭터는 한국의 신화·설화를 포함한 고전문헌에서 수집한 이야기를 바탕으로 탄생했으며, 도감과 애니메이션을 제작하는 과정에서 '묘신계'만의 설정이 더해졌습니다.

2018년부터 화화는 한국 고전 속 신비로운 존재들을 캐릭터로 재탄생 시키고, 동양의 정서를 담은 판타지 세계관을 만들어가기 시작했습니다. 2019년 7월 서울 일러스트레이션 페어에서 '묘시월드(Meoshi World)'라는 이름으로 런칭한 이 세계가 어느덧 무럭무럭 자라 본격적인 애니메이션 제작과 해외진출을 앞두고 '묘신계(MeoShÍn'Ké)'라는 이름으로 새단장을 하게 되었습니다.

'묘신계(MeoShÍn'Ké)'는 12지신에 들지 못한 13번째 동물 고양이 '묘신'이 다스리는 세계라는 의미를 간결하고 함축적으로 보여주며, 기존 '묘시월드(Meoshi World)'보다 한국적인 어감과 느낌을 더욱 잘 살려 해외에 알릴 수 있는 이름입니다.

<묘신계록> 도감 시리즈는 애니메이션을 비롯하여 앞으로 선보일 다양한 콘텐츠의 뿌리가 되어줄 설정자료집입니다. 그렇기에 기존 캐릭터들에 관해서도 자료를 더욱 철저하게 재확인하여 캐릭터의 설정과 이야기를 보충·수정하였고, 몇몇 캐릭터는 애니메이션 제작에 더욱 적합한 디자인으로 수정하는 작업을 거쳤습니다.

도감 속 모든 캐릭터들은 문헌 기록을 기반으로 하되 이제까지 본 적 없는 묘신계만의 특별한 설정들이 더해집니다.

도감을 읽다 보면 의아한 부분이 생길 수도 있습니다. 특히 고전소설 속에서 찾아낸 캐릭터의 경우 '중국의 것이 아닌가?' 생각되는 지역과 시대가 나옵니다. 이 부분에 관해 설명해 드리고자 합니다. 옛 우리 조상들은 중국을 배경으로 한 소설을 많이 작성했습니다. 그래서 한국 선조의 기록임에도 요괴나 귀신의 등장 배경은 당나라, 송나라, 명나라인 경우가 있습니다. 마치 현대의 판타지물 작가님들이 발음하기도 힘든 서양의 판타지 지역과 인물 설정을 사용하시는 것처럼 당시에도 지금은 중국으로 여겨지는 넓은 대륙을 가진 나라들이 다채로운 상상을 펼치기 좋은 무대였음을 짐작할 수 있습니다.

역사와 관련하여 주위 나라들과 민감한 논란이 많은 요즘, 이것을 그대로 표시하여야 할지에 관해 고민이 되었습니다. 수많은 회의를 통해 여러 가지 방향을 생각하고 고민해본 결과, 우리의 선조들이 재미를 위해 정한 배경을 그대로 받아들이자는 결론을 내렸습니다. 소설의 주인공이 미국에서 활동한다고 해서 그 소설이 한국의 소설이 아니라고 할 수 없는 것처럼, 묘신계 세계관 속 캐릭터가 등장한 시대가 그렇다고 하여 한국의 요괴가 아니라 할 수는 없습니다. 즉 명나라에서 활동한다고 소설 속에서 이야기하여도 그 캐릭터는 엄연한 한국인의 상상력으로 탄생한 한국 요괴입니다.

그래서 저희도 캐릭터의 배경을 원전에 적힌 그대로 표기하기로 했습니다. 단 묘신계 세계관에서는 현대의 국가관을 적용하여 특정 나라의 어디라고 이야기하지 않습니다. 한글 고전 소설에 기록된 한글 발음 그대로를 표기하며, 이는 '묘신계'에 존재하는 동양 어딘가의 나라로 설정됩니다.

우리의 선조들이 하나의 콘텐츠와 재미로 이를 즐겼던 것처럼 저희 역시 이러한 부분까지도 하나의 문화로 여겨 활용하고 발전시키는 것이 중요하다고 생각합니다.

덧붙여 한 가지 확실하게 말씀드릴 수 있습니다. 저희 화화는 한국의 고전 기록에 기반을 두고 세계관을 만들어가고 있으며, 묘신계를 통해 한국의 문화를 알리고 동양의 판타지를 널리 보여줌으로써 전세계의 많은 이들이 함께 즐기고 사랑하길 바랍니다. 앞으로도 이러한 다짐과 목표는 변하지 않을 것을 약속 드립니다.

그럼 이제 베일에 싸여있던 한국 요괴들의 판타지 세계, 묘신계의 기록을 최초로 공개합니다.

묘신 (猫神)

12지신에 들지 못한 숨겨진 13번째 동물신은 바로 고양이 신으로, 땅을 지키는 지신들과 달리 요괴, 귀신, 신수, 신령들이 득실대는 신비로운 영혼의 영역을 관리하고 있습니다. 12지신이 아닌 13번째의 신이 된 이유에 관해서는 다양한 가설과 이야기가 존재하나 정확한 사실은 아직 드러난 것이 없습니다. 이름조차 없던 영혼의 영역은 묘신의 담당이 된 순간부터 '묘신계'라 불리기 시작했습니다. 영혼의 영역이지만 사람이 죽은 뒤에 가는 '저승'이나 '황천'과는 또 다른 영역입니다.

고양이는 예부터 두려움과 경외감을 주는 특별한 존재로 인간의 곁에 있어왔습니다. 특히 묘신은 영혼을 보는 능력이 매우 뛰어난 고양이입니다. 셀 수도 없을 정도로 긴 시간동안 묘신계를 관리하며 살아왔기에 이제는 웬만한 일에는 놀라지도, 흥미를 갖지도 않는 시큰둥한 성격이 되었습니다.

묘신계 (猫神界) **세계관**

묘신계는 12지신에 들지 못한 13번째 동물 고양이 '묘신'이 다스리는 영혼의 영역입니다. 하늘과 땅과 바다가 있고, 해가 뜨고 달이 지는, 일반적으로 인간이 생각하는 정형화된 세계와는 다른 곳입니다. 시간과 공간의 개념 역시 중력의 법칙이 작용하는 인간 세상과는 다르게 적용됩니다. 이 곳에는 우리가 흔히 요괴, 귀신, 신수, 신령 등으로 부르는 특별하고 이상한 존재들이 주민으로 살아가고 있습니다.

초자연적인 존재, 묘신계의 주민들

자연의 이치에서 벗어난, 설명하기 어려운 불가사의한 존재들을 인간 세상에서는 흔히 귀신·요괴·신수·신령 등으로 분류하여 부릅니다. 아주 먼 옛날 인간의 기록이 시작되기 전부터 살아온 이 기괴한 존재들은 인간의 시선과 관념으로는 이해하기 힘든 일을 벌이고 행동하는데, 이 책의 내용 또한 인간의 시점에서 그들의 이야기를 기록한 것이므로 실상은 다를 수도 있습니다.

분류

여느 생명체처럼 묘신계의 초자연적인 존재들도 종류에 따라 정의되고 분류됩니다. 우선 모든 묘신계 존재들은 크게 3가지의 기준을 거쳐 나누어집니다.

> 근원 혹은 태생이 어떻게 되는가.
> 외형이 어떠한가.
> 해당 캐릭터의 특징이 무엇인가.

대분류에서는 캐릭터의 근원, 즉 태생을 기준으로 분류합니다. 각 존재의 본질에 따라 나눠지며 본질만으로 판단이 어려운 경우에는 탄생할 때의 배경과 방법을 참고했습니다. 모든 캐릭터들은 대분류에 따라 **물괴, 괴수, 괴인, 신수, 신령** 이렇게 다섯가지로 나뉘어집니다. 중분류에서는 외형의 생김새를 기준으로 분류합니다. 같은 괴

수라 해도 일반적으로 우리가 아는 모습을 가진 일반형과 상식을 크게 벗어나는 형
태를 가진 경우는 이형으로 구분하고, 같은 괴인이라도 일반적인 인간 형태의 일반
형과 더 괴이한 모습을 한 이형으로 나누어집니다. 단, 신수와 신령은 그 특성상 외
형보다는 역할과 특징에 따라 분류됩니다. 소분류에서는 개체가 가지고 있는 특징
이 좀 더 구체적으로 나뉘어져 분류됩니다.

대부분의 캐릭터들은 원전에서 찾은 내용을 그대로 적용하여 분류하였으나 캐
릭터 개발 과정에서 묘신계 세계관을 적용하면서 원전과 다른 외형과 특징을 가지
게 된 몇몇 캐릭터는 묘신계 버전 속 모습과 특징을 기준으로 분류했습니다.

물괴

사물이나 자연물이 근원이 되는 괴물로, 인간 형태로 둔갑한 경우도 근원이 사물이
면 모두 물괴로 분류합니다.

- **자연물형:** 자연계에 있는, 저절로 생긴 물체의 정령. 혹은 그 자체로 특별한 힘이 있는 경우.
- **사물형:** 오래된 물건이 사(邪)*가 된 경우. 혹은 신기한 물건.

물괴	자연물형	생물형	꽃, 나무 등 생명을 가지고 스스로 생활 현상을 유지하여 나가는 물체인 경우
		무생물형	세포로 이루어지지 않은 돌, 물, 흙 등 생물이 아닌 물건인 경우
	사물형	일체형	물건 자체가 괴력난신이 된 경우
		매개형	물건을 통해서 괴력난신이 소환 혹은 등장하는 경우

* 사(邪): 바르지 못함. 요사스러운 것.

괴수

동물이 근원이 되는 괴물로, 인간 형태로 둔갑하더라도 원래 모습이 동물이면 모두
괴수로 분류합니다.

- **일반형 :** 특수한 능력이 있는 동물. 일반적인 동물 모습을 가시고 있으나 어떤 연유로 인해 본질에 변화가 생긴 경우.
- **이형 :** 성질 · 모양 · 형식 따위가 일반적인 동물과 많이 다른 경우.

괴수	일반형	변이형	일반적인 모습에서 후천적으로 외형이 변한 경우
		요술형	인간으로 둔갑하는 것을 포함해서 다양한 모습으로 변신할 수 있거나, 술법을 사용할 수 있는 경우
		수귀형	동물이 죽어 귀신이 된 경우
	이형	돌연변이형	일반적으로 알려진 동물의 외형에서 찾아볼 수 없는 특이한 특징을 가진 경우
		혼합형	여러 동물의 모습이 합쳐져 있는 경우
		공상형	인간세상에서 존재하지 않는 형체나 특징을 가졌거나, 다른 형으로 정의내릴 수 없는 경우

* 이형은 요술을 사용할 수 있더라도 생김새에서 이미 요괴임을 알 수 있어서 따로 요술형을 나눌 필요가 없습니다. 하지만 일반형은 일반적인 짐승의 모습으로 요술을 사용하기에 요술이 그 요괴의 특징이 되므로 요술형을 따로 나눕니다.

괴인

근원과 태생이 인간이지만 외형과 성질이 평범한 인간의 범주에서 벗어나면 모두 괴인으로 분류합니다.

- **일반형** : 외형이 일반적인 인간의 요소를 갖추고 있는 경우. 즉 인간처럼 생겼으나 일반 인간이 아님.
- **이형** : 근원과 태생은 인간이지만 괴이한 모습을 가진 경우. 인간처럼 생기지 않았으나 근본이 인간임.

괴인	일반형	이종형	인간의 형태를 가지고 있지만 타고난 것이 다른 종족인 경우
		인귀형	사람이 죽어 귀신이 된 경우
	이형	돌연변이형	정상적인 인간의 유전 계통에 없던 새로운 형질이 나타나 탄생한 것으로, 일반적인 인간 개체에서 볼 수 없는 외형 혹은 특징을 가진 경우
		사고형	자의로 변한 것이 아닌 사고 혹은 저주 등에 의해 된 경우
		혼종형	근원은 인간이나 다른 종과 혼합된 경우

* 동물이 인간의 가죽을 뒤집어쓰고 인간 흉내를 내는 의태형 요괴는 포함되지 않으며, 이러한 경우는 근원을 따져 분류합니다.
* 인간이 수련을 통해 도술이나 둔갑술을 익힌 경우도 마찬가지로 괴인으로 포함하지 않습니다.
* 단순히 호칭에 '귀' 자가 들어간다고 하여 모든 존재가 귀신이 되는 것은 아니며, 그 근원을 따져 인귀형으로 분류했습니다.

신수

신수란 신령스럽고 신성한 짐승입니다. 즉 동물과 같은 외형을 가지고 있으면서 어떤 장소나 물건, 추상적인 가치 등을 수호하거나 세상을 이롭게 하는 존재일 경우 신수로 분류됩니다.

신수	수련형	금수가 오랜 수련을 거치거나 특수한 경험을 통해 영험한 존재가 된 경우
	환수형*	전설의 생물로 영험하게 태어난 경우

* 환수(幻獸): 신기하고 괴이한 짐승

신령

신기하고 영묘하며 초인간적, 혹은 초자연적 위력을 가지고 있을 경우 신령으로 분류합니다. 신수와 구분을 하자면 신수보다 인간의 형상에 가깝고, 존재감이 인간 사회에서 더 큽니다.

신령	수련형	인간이 오랜 수련을 거치거나 특수한 경험을 통해 영험한 존재가 된 경우
	신형	신으로 태어난 경우

속성

묘신계는 7개의 속성이 모여 이루어진 세계로, 이곳에 사는 존재들도 이들의 영향을 받습니다. 각 캐릭터들은 하나의 대표적인 속성을 가지고 있습니다. 각 캐릭터들에 관해 면밀한 조사를 거쳤고, 단순히 출몰 지역이나 모습에 따라 속성을 나누는 것이 아닌 각자가 가진 능력과 성향과 영향력에 중점을 두고 대표 속성을 분류했습니다.

　모든 성질이 그러하듯이 속성도 다양성을 가집니다. 묘신계의 캐릭터들을 단순히 악함과 선함만으로는 구분할 수 없으며, 같은 맥락에서 대표 속성만으로 모든 것을 정의할 수는 없으나 그들을 근본을 이해하는 데 속성은 매우 중요합니다.

　속성은 음양오행의 성질에 따라 월(月), 화(火), 수(水), 목(木), 금(金), 토(土), 일(日), 총 7개로 나누어집니다.

묘신계의 7속성

月 달 월	달, 음기, 어둠, 저주, 현혹, 신비함, 지혜, 예언
火 불 화	불, 열정, 사랑, 재앙, 화재, 발화, 변화, 가뭄, 용기, 번개
水 물 수	물, 결빙, 해일, 정화, 치유, 유연함, 소생, 망각, 혼란(무질서)
木 나무 목	흡수, 회복, 끈기, 풍요로움, 독, 완고함(고집), 집착, 불안(겁)
金 쇠 금	쇠, 무기, 병, 탐욕, 재물, 강인함, 징벌, 지성(이성)
土 흙 토	흙, 대지, 재생, 부패, 중화, 생명, 죽음
日 해 일	태양, 양기, 빛, 정의, 행운, 질서, 권위(힘)

인간과의 관계

묘신계의 초자연적인 존재들은 인간이 이해할 수 없는 능력과 행동으로 인간 세상에 크고 작은 영향을 끼칩니다. 인간을 좋아해서, 증오해서, 혹은 이유 없이 벌이는 다양한 행동들은 인간들에게 득이 될 수도, 실이 될 수도 있습니다. 인간에게 있어서 이러한 정보는 매우 중요합니다. 아주 오래전부터 묘신계의 요괴, 귀신, 신수, 신

-3	재해 수준의 위협이 되며, 수많은 인간에게 위협이 되는 존재
-2	신체적, 정신적으로 다수의 인간에게 직접적인 피해를 주는 존재
-1	장난, 공포감 조성, 물질적인 손실 등으로 소수의 인간에게 직간접적 피해를 주는 존재
0	인간에게 득도 실도 크게 영향을 끼치지 않는 존재
+1	사소한 집안일부터 악한 것이 접근하지 못하도록 막는 일까지 소수의 인간에게 간접적으로 도움을 주는 존재
+2	다수의 인간에게 직접적으로 도움을 주거나 이득이 되는 존재
+3	강한 능력과 힘을 가지고 있으며 수많은 인간에게 도움을 주는 존재
★	인간의 행동이나 태도에 따라 득실이 역전될 수 있으므로 주의해야 함
▲	인간에게 득이 될 수도, 실이 될 수도 있는 존재

령 등에 관심을 가지고 남겨놓은 누군가의 기록을 통해 묘신계의 존재들과 인간 사이의 이해관계를 도식화했습니다. 이는 어디까지나 철저히 인간의 시선에서 본 것을 토대로 만들어졌으며, 최대한 객관화하여 측정되었으나 실제 개별 요괴를 맞닥뜨렸을 때 벌어지는 상황과는 다를 수 있습니다.

출몰지역

묘신계의 존재들은 묘신계에만 머무르는 것이 아니라 인간 세상의 곳곳에 출몰합니다. 울산 개운포, 경주 남산, 전북 김제, 부산 기장, 백두산 등 정확한 지명이 있는 곳에 출몰하여 이것이 캐릭터의 이름과 함께 기록으로 남아 있는 경우도 아주 많습니다. 캐릭터들의 출몰지역은 옛 문헌에 나오는 기록 그대로를 표시했습니다. 다만, 한국 고전 소설 속에는 현재 한국의 지명이 아닌 고대 다른 나라의 지명이 캐릭터의 출몰지역으로 기록되어 있는 경우가 있습니다. 이런 경우에는 현대의 특정 나라를 지칭하지 않으며, 최대한 원전에 기록된 한글 발음 그대로 표기했습니다.

어두운 밤길, 산실, 골짜기 등 출몰시억이 포괄직인 개념으로 기록된 경우에는 특정 지역이나 지명이 아닌 산속, 주택가 등의 개념적인 구역으로 표기 했습니다.

크기와 몸무게

고전 기록 속에는 캐릭터의 크기가 구체적으로 나와 있지 않거나 과장된 부분이 많습니다. 윗입술이 하늘에 닿을 정도로 크다던지, 태산과 같은 크기의 몸집을 가지고 있다던지, 깃털 하나가 집을 부술 정도라던지 등 현실적으로는 말이 안 되는 부분이 꽤 있습니다. 이는 우리 선조들이 이야기를 더욱 재미있게 즐기기 위해 조금 과장되고, 말이 안 되더라도 이렇게 묘사했던 것으로 보입니다.

묘신계 세계관에서는 이러한 캐릭터 묘사를 최대한 해치지 않는 선에서 현실적인 요건들을 감안하여 구체적인 크기와 길이를 표기 했습니다.

이족 보행하는 동물형 혹은 인간형 캐릭터의 경우 두 다리를 딛고 선 자세에서 머리끝(정수리)부터 발 끝까지의 길이를 키로 표기했습니다. 참고로 키나 크기에는 캐릭터가 장착한 장식이나 모자 등은 포함되지 않습니다.

사족 보행하는 동물형 캐릭터와 뱀이나 용처럼 몸의 길이가 기다란 형태를 가진 캐릭터의 경우에는 꼬리까지 펼쳐진 몸길이를 수치로 표기했습니다. 이는 가장 보편적으로 생물학이나 자연도감 등에서 동물의 신체 크기를 재는 방법을 그대로 적용한 것입니다.

신체의 크기가 고정적이지 않고 상황에 따라 변화하는 캐릭터의 경우에는 기본형과 함께 변화했을 때의 수치를 병기하거나 물결표를 사용하여 열린 가능성을 나타냈습니다. 특히 신수와 신령 중에는 능력에 따라 마음대로 크기 변형이 가능한 개체들이 있는데 이들에게는 '*크기변형가능' 이라는 표시가 있습니다.

개체가 하나가 아닌 경우 여러 개체의 평균적인 크기로 표기했습니다.

각 캐릭터의 몸무게 역시 구체적인 수치로 되어있습니다. 그중 귀신, 즉 인귀형·수귀형에 해당하는 캐릭터의 몸무게는 특별합니다. 인간이 죽은 후 귀신이 되었을 때도 살아생전의 몸무게를 그대로 가지고 있을까요? 아닙니다. 묘신계의 귀신들은 거대하거나 작더라도 겉모습과 상관없이 몸무게가 모두 영혼의 무게의 평균치인 21g입니다. 간혹 섬을 등 위에 지고 있는 신수나 인간이 측정할 수 있는 범위를 넘어선, 혹은 측정에 실패한 경우에는 '가늠할 수 없음'으로 표기되어 있습니다.

나이

묘신계의 존재들에게 나이를 물어본다면 어떻게 대답을 할까요? 묘신계에는 자신의 나이를 정확하게 기억하는 캐릭터가 있는 반면, 물어볼 때마다 다른 나이를 이야기하는 요괴도 있고, 너무 오랜 세월을 살아왔기에 자신의 나이를 잊어버린 캐릭터도 있습니다. 이런 경우에는 나이를 '알 수 없음'으로 표시했습니다. 하나의 개체로 존재하지 않고, 종으로서 여러 개체가 있는 경우에는 '개체마다 다름'이라고 표기했습니다.

본문을 읽다 보면 나이가 구체적인 숫자로 기록되어 있으나 캐릭터의 설명에는 '천년 묵은', 혹은 '만년 묵은'이라고 되어 있는 경우가 있습니다. 여기서 몇 년을 묵었다는 건 실제로 살아온 시간을 표기한 것이 아닌 그만큼의 오랜 세월을 살아왔다는 것을 의미합니다.

덧붙이자면, 사실 이들에게는 중력의 법칙이 적용되지 않는데다가, 인간계와 시공간이 다르게 흘러가는 묘신계에 들어온 이후부터는 해가 바뀌어도 더 이상 나이를 먹지 않습니다. 나이는 한국의 정서를 담아 재미있는 상황을 만들어내는 묘신계만의 특별한 설정입니다.

시대

묘신계 캐릭터들에게는 각자의 시대가 있습니다. '시대'란 캐릭터들이 살았던 혹은 등장했던 시기를 기록한 것입니다. 어떤 캐릭터들은 그 시기가 확실하지만, 몇몇 캐릭터의 경우에는 자료를 조사할수록 어느 나라의 것이라고 칼로 자르듯이 정확하게 선을 나누기는 어려운 것들이 있었습니다. 특히 동아시아 문화권에서 공통으로 전해지는 사방신, 기린 등 신수나 신령에 관해서는 정확한 시대를 말하기 어려웠습니다. 이러한 경우에는 '알 수 없음'이라고 표기 했습니다.

힘 (파워지수)

묘신계에서 힘은 단순히 근력을 의미하지 않습니다. 파워지수란 지능·근력·주술·요술·자연 조절 다섯 가지의 능력을 모두 합한 수치로 캐릭터의 실력을 비교합니다.

예를 들어, 인간은 지능과 근력은 있으나 주술, 요술, 자연 조절 능력이 없으므로 평균적으로 13~14 정도의 파워지수를 가지고 있습니다.

　몸 크기를 변화할 수 있거나 인간을 잡아먹을 때 본모습을 드러내는 캐릭터 같은 경우엔 변형된 모습과 능력을 발휘할 때의 기준으로 파워지수가 측정됩니다.

　일반적으로 파워지수가 높은 캐릭터가 낮은 캐릭터보다 힘이 세고 능력이 뛰어난 것이 사실이나, 항상 파워지수가 높은 캐릭터가 낮은 캐릭터를 이길 수 있는 것은 아닙니다. 특정 능력이 뛰어날 경우, 서로의 속성이 상극인 경우, 또는 처해진 특별한 상황 등에 따라 다른 결과가 나올 수도 있습니다.

지 능

지혜와 재능을 통틀어 이르는 말로, 새로운 대상이나 상황에 부딪혀 그 의미를 이해하고 합리적인 적응 방법을 알아내는 지적 활동의 능력을 이야기 합니다.

근 력

근육의 힘, 또는 그 힘의 지속성을 이야기 합니다.

주 술

불행이나 재해를 막으려고 주문을 외거나 술법을 부리는 것. 또는 그러한 술법을 이야기 합니다. 저주, 치유 등 어떤 개체의 상태를 변하게 하는 힘을 주술이라고 지칭합니다.

요 술

초자연적인 능력으로 괴이한 일을 행하거나 그러한 술법을 이야기합니다. 예언, 변신술, 축지법 등 스스로에게 변화를 주는 힘을 요술이라고 지칭합니다.

자연조절

자연은 사람의 힘이 더해지지 않고 저절로 생겨난 산, 강, 바다, 식물, 동물 따위의 존재를 의미하며, 본성이나 본질을 이야기 하기도 합니다. 물, 불, 바람, 땅 등 자연을 변하게 하거나 조절할 수 있으며 자신의 속성을 다룰 수 있는 특별한 힘을 이야기 합니다. 때때로 자연을 조절하는 능력 중 일부를 요술로 착각하기도 합니다.

이름

묘신계 캐릭터들에게는 각자의 이름이 있습니다. 이름이 그대로 인간 세상에 알려진 경우도 있지만, 진짜 이름이 아닌 인간들에게 발견되었을 당시의 모습과 행동으로 인해 다른 이름으로 불리게 된 경우도 있습니다. 예를 들어 달걀귀신은 얼굴이 달걀과 같다고 하여 인간들이 붙인 이름이지만, 묘신계 존재들 사이에서는 '다갈'이라고 불립니다. 마찬가지로 동자삼과 물귀신도 그러합니다. 동자삼 같은 경우에는 보이는 모습이 동자(아이)와 같다고 하여 '동자+(산)삼'을 합쳐 이름처럼 부르기 시작했지만, 묘신계에서 불리는 동자삼의 진짜 이름은 '진진'입니다. 물귀신은 물에 빠져 죽은 귀신들을 통틀어 일컫는 명칭일 뿐, 수많은 물귀신들에게는 각자의 이름이 있습니다. 이처럼 괴력난신들은 인간 세상에 진짜 이름이 알려져 있지 않기에 불리는 명칭이 다양한 경우가 많습니다. 묘신계 캐릭터들을 제대로 알기 위해서는 진짜 이름을 아는 것도 중요한 부분입니다.

각자가 가진 능력과 사연이 다른 만큼 각 캐릭터의 진짜 이야기를 본격적으로 듣기 위해 이제 본론으로 넘어갑시다.

괴력난신 분류표

종 별 분 류

귀신

요괴

신수

신령

26

속성 별 분류

달 월 (月)

불 화 (火)

물 수 (水)

나무 목 (木)

쇠 금 (金)

흙 토 (土)

해 일 (日)

묘신계 존재들

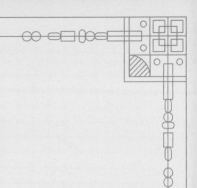

자연의 이치에서 벗어난, 설명하기 어려운 불가사의한 존재들을
인간 세상에서는 흔히 귀신·요괴·신수·신령이라고 부릅니다.
그리고 이 기괴하고 초자연적인 존재들은 묘신계의 주민으로
살아가고 있습니다. 이제부터 만나게 될 괴력난신들의 이야기
는 인간의 시점에서 기록된 것이므로 실상은 다를 수 있습니다.

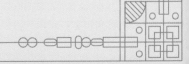

강철이

이름	강철이	이해관계	-3
종	요괴	출몰지역	벌판
분류	괴수-이형-공상형	키/크기	1200cm
속성	불 (火)	몸무게	250kg
특징	타락한 이무기 입에서 불을 내뿜음	나이	999
		시대	조선 숙종 12년

POWER | 파워지수

지능 / 주술 / 요술 / 자연조절 / 근력 — 58

용이 되기 전에 타락한 이무기로 어떤 이들은 독을 품은 용으로 착각하고 보기도 한다. 신수가 되지 못한 채 요괴가 되어버렸지만, 그에 못지않게 강력한 힘을 가지고 있다. 강철이는 몸이 어둡고 탁한 색이며 붉은빛의 눈과 입이 위협적이다. 용이 되기 전 타락하였기에 머리에는 뿔이 조금 솟아있고, 몸에는 날카로운 발톱을 가진 앞발이 있다.

모든 이무기는 물을 조금씩 다룰 수 있는데 타락한 이무기인 강철이는 반대로 불을 다루는 능력이 있다. 입에서 불을 내뿜으며 강철이의 불은 쉽게 사그라지지 않는다. 그 힘이 매우 강하여 강철이가 지나가는 자리엔 불길이 일어나고, 모든 초목과 곡식이 말라 죽는 지독한 가뭄이 일어난다. 승천하지 못하고 타락한 이무기라 주로 뱀이나 용과 같은 모습이 일반적이나, 경우에 따라 소 혹은 말과 비슷한 모습으로 묘사되기도 한다. 이런 경우에는 불을 일으키는 것이 아닌 우박을 떨어뜨리는데, 이 우박이 떨어진 곳 또한 독이 퍼져 땅과 강, 연못을 오염시키고 농작물을 망친다.

強鐵去處雖秋如春 (강철거처 수추여춘)

강철이와 관련된 속담으로, 강철 간 데는 가을도 봄이라는 의미다. 강철이가 지나가는 모든 곳의 초목과 곡식이 말라 죽어서 망하는 것처럼, 다 된 일에 악독한 방해자가 나타나서 모든 일을 망쳤음을 이야기하는 속담이다.

거구귀

Gogugui

이름	거구귀	이해관계	▲
종	요괴	출몰지역	산길
분류	괴수-이형-공상형	키/크기	500cm
속성	해 (日)	몸무게	1.3t
특징	입을 벌리면 하늘까지 닿을 정도의 크기	나이	605
		시대	조선 초기

POWER | 파워지수

지능 · 주술 · 요술 · 자연조절 · 근력

46

거대한 입을 가진 요괴다. 입을 모두 벌렸을 때 윗입술이 하늘 위 구름에 맞닿을 정도로 입이 크며, 단단하고 커다란 몸집은 마치 동굴과도 같다. 거구귀는 어두운 곳에서 몸을 숨긴 채 앉아있다가 사람을 잡아먹는데, 그 순간에는 눈과 이빨이 빛으로 번뜩인다.

거구귀는 자신을 겁내지 않는 비범한 이를 만나면 청의동자로 변하여 그 사람을 수호해 준다. 청의동자는 맑은 얼굴을 가진 어린아이 귀신으로, 앞날을 예견하는 능력이 있다. 이 능력으로 한 번 수호하기로 마음먹은 이에게 나타날 좋은 일, 나쁜 일을 빠짐없이 이야기해 주며, 앞날을 보장해 준다.

옛날에 문충 신숙주라는 사람이 어느 날 친구들과 함께 길에서 거구귀를 만났다. 무시무시한 입을 가진 거구귀의 모습에 친구들은 도망쳤지만, 신숙주는 용감하게 거구귀의 입안으로 걸어 들어갔다. 신숙주의 용기에 감탄한 거구귀는 청의동자로 변해서 그의 수호 요괴가 되었다. 이처럼 비범하게 행동하여 신숙주는 죽을 때까지 청의동자의 수호를 받았다고 한다.

거인

이름	거인	이해관계	-2
종	요괴	출몰지역	알 수 없음
분류	괴인-일반형-이종형	키/크기	6000cm
속성	흙 (土)	몸무게	가늠할 수 없음
특징	바다에 앉아있을 때 수면 위로 드러나는 머리가 섬처럼 보임	나이	알 수 없음
		시대	고대

POWER | 파워지수

지능 / 주술 / 요술 / 자연조절 / 근력

39

거대한 인간형 요괴다. 보통 인간보다 몇 배는 크며, 그 크기를 정확히 가늠할 수 없을 정도이다. 거인에는 여러 종족이 있으며, 각 종족의 습성에 따라 크기와 모습 등 특징이 다르다. 다양한 종족이 존재하는 만큼 거인이 언제부터 존재했는지 그 시기를 가늠하기 힘들다. 인간과 친밀하게 지내는 거인이 있는 반면 식인을 즐기는 거인도 존재하므로 조심해야 한다.

대인국의 거인

바다 건너 대인국에 무리를 지어 사는 거인. 크기는 인간의 서너 배에 눈이 하나밖에 없다. 주로 배를 통해 이동하며, 인간을 잡아서 꼬치로 구워 먹는 것을 즐긴다.

장인국의 거인

바다 건너 장인국에 무리를 지어 사는 거인. 인간의 대여섯 배에 이빨은 톱 같고 손톱은 갈고리 같은 거인이다. 벌거벗고 살며 온몸에 검은 털이 나 있다. 동물과 인간을 익히지 않고 생으로 잡아먹는 것을 좋아한다.

바다 거인

바다 거인은 한곳에 머물지 않고, 혼자서 바다를 떠돌아다니는 매우 큰 거인이다. 인간보다 열 배 이상 큰데, 그중 특히 거대한 바다 거인은 산만한 예도 있다고 한다. 바다 거인은 오랫동안 바다에서 산 영향으로 몸과 비교해 발이 아주 작다. 바다 거인의 작은 발은 바다에서는 빠르게 이동하는 것이 가능하나, 땅에 올라오면 매우 느려진다. 그래서 바다 거인이 육지로 올라오는 일은 매우 드물다.

골출귀

이름	골출	이해관계	-1
종	귀신	출몰지역	묘지
분류	괴인-일반형-인귀형	키/크기	대략 140cm
속성	흙 (土)	몸무게	21g
특징	자신의 무덤을 복구시키기 위해 눈을 뜬 귀신	나이	개체마다 다름
		시대	개체마다 다름

POWER | 파워지수

지능 / 주술 / 요술 / 자연조절 / 근력
13

훼손된 자신의 무덤을 복구시키기 위해 땅속에서 눈을 뜨고 나온 귀신이다. 골출귀들은 땅속에 묻혀있었기 때문에 창백하다 못해 연한 옥색의 피부를 가지고 있다. 몸 또한 부패해있는데, 드문드문 뼈가 보이거나 신체 중 한 부분이 없는 예도 있다. 신기하게도 이렇게 썩어가는 몸과 달리 손톱과 발톱, 머리카락은 살아있는 사람처럼 시간이 흐름에 따라 점점 길어진다.

골출귀들은 훼손된 무덤의 복구가 목표이기 때문에 사람을 공격하거나 괴롭히지 않는다. 만약 인간이 무덤 앞을 지나가면 무덤을 복구해 주기를 정중하게 요청하는데, 문제는 인간들이 골출귀의 외형만 보고 도망가거나 기절하는 경우가 많아 오히려 골출귀들이 상처받기도 한다는 것이다. 자신의 무덤이 복구되는 것을 도와주면 매우 고마워하며, 조용히 다시 무덤으로 돌아가 잠이 든다.

좀비와 골출귀의 차이점
서양의 좀비와 동양의 골출귀는 시체가 걸어 다닌다는 점에서 비슷해 보이지만, 본질적으로 매우 다르다. 좀비는 바이러스 감염으로 인해 변하였거나 죽었다가 다시 살아난 존재지만, 골출귀는 무덤에서 잠들어 있던 영혼이다. 또한 좀비는 본능만 남아서 사람을 공격하지만, 골출귀는 사람과 의사소통하는 데 무리가 없을 만큼 이성적이다.

구미호 Miho

이름	미호	이해관계	-2*	POWER | 파워지수
종	요괴	출몰지역	산속	
분류	괴수-일반형-변이형	키/크기	178cm	지능
속성	달 (月)	몸무게	62kg	근력 주술
특징	구미호의 대명사가 된 여우 요괴	나이	900	45
		시대	고려	자연조절 요술

여우가 백 년을 살면 그 순간부터 백 년을 주기로 꼬리가 하나씩 생기고, 시간이 흘러 꼬리가 하나씩 늘어날 때마다 지혜로움과 영험함이 더해지며 매력적으로 변한다. 900 년을 살면 꼬리가 아홉 달린 구미호가 되는데, 구미호는 여우 중 아주 영리한 몇몇만이 될 수 있다. 이처럼 사실 구미호는 하나의 종인데, 이 요괴는 인간에게 처음 정체를 들키게 되면서 "구미호" 그 자체로 불리게 되었다.

인간의 간을 주식으로 먹고 악한 일을 하는 개체가 있는 반면, 올바른 일을 하고 인간을 돕는 개체도 있다. 이렇게 올바른 방법으로 천 년 동안 수행하며 힘을 키우면 꼬리가 열 개인 여우 신수 천호*가 되어 하늘로 올라가게 된다. 구미호는 대부분 몸 안에 여우구슬*을 품고 있으며 이 구슬을 통해 요술을 부린다. 특히 둔갑에 능하며, 이를 이용해 사람들 사이에 숨어 살아간다. 대부분의 구미호는 둔갑한 모습으로 사람을 유혹하고 정기를 빼앗아 자신의 여우 구슬에 힘을 더한다. 여우란 존재가 원래 사냥개, 사냥매, 사냥꾼에게 목표가 되곤 하였기에 본능적으로 이들을 마주치면 매우 두려워하며 인간의 모습을 유지하지 못하고 여우의 모습을 드러내기도 한다.

* **천호:** 금빛 털을 가진 여우 신수. 천계에서 옥황상제를 모시는 신하로서 일한다.
* **여우구슬:** 여우 구슬에는 여우의 모든 능력이 담겨 있다. 만약 인간이 여우 구슬을 얻고 땅을 보면 땅의 이치를, 하늘을 보면 하늘의 이치를 깨닫게 된다고 한다. 자세한 내용은 <한국 판타지 아이템 도감>에서 확인할 수 있다.

그슨새

이름	그슨새	이해관계	-2
종	요괴	출몰지역	제주도의 밭
분류	물괴-사물형-일체형	키/크기	100cm
속성	달 (月)	몸무게	7kg
특징	도롱이를 뒤집어 쓰고 있는 요괴	나이	529
		시대	알 수 없음

POWER | 파워지수

지능 / 주술 / 요술 / 자연조절 / 근력

32

인간을 홀리는 귀신으로 제주도에서 발견되었다. 그슨새는 어린아이 정도의 크기로 비를 피하기 위한 복장인 도롱이를 뒤집어쓰고 있는 것이 가장 큰 특징이다. 주로 비 오는 날과 흐린 날에 나타나며, 공중 부양을 할 수 있어 그 상태로 혼자 있는 인간을 찾아 돌아다니는 것을 발견할 수 있다.

그슨새는 인간의 정신을 조종할 수 있는 능력이 있다. 주로 혼자 있는 인간을 노리며, 자기 눈을 쳐다보게 만들어 홀린다. 도롱이 사이로 보이는 그 눈을 마주치는 순간 정신 조종을 당하게 되고, 자신의 의지와는 상관없이 밧줄이나 끈을 이용해 스스로 목숨을 끊는다. 후에 이를 발견한 인간들은 별다른 증거가 없으므로 죽은 이가 자살을 한 것으로 그대로 믿는 편이다. 이러한 그슨새의 조종을 벗어나는 방법은 매우 간단한데, 홀린 인간이 다시 정신을 차릴 수 있도록 계속해서 말을 걸거나 주의를 끌면 된다.

노앵설

Ceilia

이름	실랴	이해관계	+1*	POWER ┃ 파워지수
종	귀신	출몰지역	경기도 양주	
분류	괴인-일반형-인귀형	키/크기	85cm	
속성	해 (日)	몸무게	21g	
특징	늘은 꾀꼬리 목소리를 냄	나이	11	
		시대	조선	

지능 / 주술 / 요술 / 자연조절 / 근력 — **23**

어린 여자아이의 모습을 한 귀신이다. 많은 이들이 노앵설이라 부르지만, 자신이 스스로 붙인 이름은 실랴다. 노앵설은 주로 집안에서 발견할 수 있으며, 천장이나 기둥에 거꾸로 매달려있거나 공중 부양을 한 채로 돌아다닌다. 노앵설의 목소리는 늘은 꾀꼬리의 것과 같아 어린 겉모습에 비해 이질감이 들기도 하며, 인간들은 목소리를 듣고 놀라는 경우도 있다.

노앵설은 사람의 마음을 꿰뚫어 보는 능력이 있다. 이러한 능력으로 장난을 칠 때도 있지만, 나쁜 맘을 먹은 이들을 구별해내고 집안에 도움을 주기도 한다. 또 다른 능력은 물건을 잘 찾는다는 것이다. 집안에서 잃어버린 물건이 어디 있는지 알고 있으며, 잃어버린 상황과 그 이유까지 정확히 알고 있다. 어린아이답게 순수한 마음으로 이 모든 것을 얘기해 주며, 가끔 좋든 나쁘든 자신이 이야기해 주는 것이 옳다고 생각하는 고집스러운 면모를 보이기도 한다.

달걀귀신 Dagal

이름	다갈	이해관계	-2
종	귀신	출몰지역	경기도 파주
분류	괴인-일반형-인귀형	키/크기	72cm
속성	달 (月)	몸무게	21g
특징	눈코입이 없는 얼굴이 매끈한 달걀과 같음	나이	알 수 없음
		시대	알 수 없음

POWER | 파워지수

매끈한 달걀 같은 얼굴을 가진 귀신이다. 눈코입이 없어 보지 못하고, 냄새를 맡지 못하고, 말하지 못한다. 하지만 이들은 앞이 보이는 것과 같이 움직일 수 있고, 숨을 쉴 수 있으며, 다른 이들과 소통할 수 있다.

다갈들은 인적이 드문 골목길이나 산속으로 주로 다닌다. 어느 한곳에 머무르지 않으며 떠돌이 생활을 하는데, 그래서인지 옷차림과 짐도 단출하게 하고 다닌다.

이들은 겁이 매우 많다. 물론 다갈을 보고 인간이 먼저 놀라 시름시름 앓다가 죽는 경우도 더러 있다. 하지만 다갈이 먼저 공격하거나 해를 가하진 않는다. 자신에게 섣부르게 누군가 다가오면 그것을 오해하고 공격하는데, 공격은 바로 눈에 보이지 않고 시간이 지나면서 그 피해가 나타난다. 하루가 지나면 입이 사라지고, 이틀이 지나면 코가 사라지는 등 하루하루 얼굴의 눈코입이 사라지다가 끝에는 달걀귀신처럼 아무것도 없는 매끈한 얼굴의 귀신이 된다. 한 번 걸리면 나을 방법이 없으므로 이들을 발견하면 함부로 다가가지 않는 것이 좋다.

닷발괴물새

이름	닷발이	이해관계	-2
종	요괴	출몰지역	산속
분류	괴수-이형-공상형	키/크기	700cm
속성	흙 (土)	몸무게	260kg
특징	인간 요리가 취미	나이	알 수 없음
		시대	알 수 없음

POWER | 파워지수

지능 / 근력 / 주술 / 자연조절 / 요술

31

부리와 꽁지가 닷 발이나 되는 새로 닷발괴물새라 불린다 . 발은 옛길이 단위로 두 팔을 양옆으로 펴서 벌렸을 때 한쪽 손끝에서 다른 쪽 손끝까지의 길이로, 5발이나 되는 긴 부리와 꽁지가 가장 큰 특징이다. 초록색 부리는 바위보다 단단하고 날카로운 이빨이 빈틈없이 자리하고 있으며, 길고 두꺼운 주황색 꽁지는 인간을 멀리 날릴 수 있을 정도 의 힘을 가지고 있다.

닷발괴물새는 육식을 하며, 사냥하는데 적합한 부리와 날카로운 발톱으로 먹이를 놓치지 않고 잡아챈다. 주로 산에서 동물들을 잡아먹지만, 가끔 민가까지 내려와 인간을 잡아먹기도 한다. 이런 닷발괴물새의 취미는 바로 요리로, 사냥한 동물이나 인간으로 고깃국을 끓이거나 밥을 하기도 하고 떡으로 만들어 쪄 먹기도 한다. 또한 닷발괴물새는 한 번에 많은 양의 먹이를 먹고, 소화를 시키는 데 꼬박 하루가 걸린다. 그런 이유로 때로는 사냥감을 바로 먹지 않고 살려둔 채 자신의 둥지로 잡아가 저장해놓기도 한다.

동자삼

이름	진진	이해관계	+2
종	요괴	출몰지역	가야산
분류	물괴-자연물형-생물형	키/크기	15cm
속성	물 (水)	몸무게	250g
특징	인간으로 변신해서 돌아다니기를 즐김	나이	2202
		시대	조선

POWER | 파워지수

지능 / 주술 / 요술 / 자연조절 / 근력

28

산삼이 천 년 이상의 시간을 살아 탄생하는 요괴다. 외형이 오동통한 어린아이의 모습과 비슷하여 동자삼이라 불린다. 동자삼의 이름은 진진으로 성격 또한 외형과 같이 어린아이처럼 천진난만하다. 동자삼을 먹으면 어떤 병이든 치료할 수 있으므로 호시탐탐 노리는 이들이 많다. 자신을 노리는 이들을 피하고자, 진진은 아무도 찾을 수 없는 깊은 산속에 몸을 숨긴다. 실제로 진진은 여러 산삼 사이에 숨기도 하는데, 머리 위에 핀 자주색 꽃과 몸에서 나는 황금빛이 진진을 찾을 수 있는 유일한 단서이다. 이렇게 몸을 숨기는 것 외에도 진진은 아무도 모르게 인간으로 변신하여 사람들이 사는 곳에 나타나기도 한다.

두억시니

이름	두억	이해관계	-2*
종	귀신	출몰지역	서울
분류	괴인-일반형-인귀형	키/크기	170cm
속성	쇠 (金)	몸무게	21g
특징	머리를 짓눌러 죽임 신의 전령 역할도 함	나이	443
		시대	조선 전기

POWER | 파워지수

지능 / 주술 / 요술 / 자연조절 / 근력 — 43

두억시니는 모질고 악한 귀신으로 인간의 머리를 짓눌러 죽이는 무서운 존재다. 원래 한 양반가문의 종인 두억이라는 여자 아이였으나 원통하게 죽어 악귀가 되었다. 악귀가 된 이후에는 자신이 일했던 양반가의 잔치에 나타나 사람들을 놀라게 하였다. 이에 그곳에 있던 인간들이 두억시니를 쫓아내려 하였으나 힘이 매우 세서 장정 여러 명이 붙어도 두억시니는 꿈쩍도 하지 않았다. 이후 두억시니는 자신을 끌어내려 했던 인간, 자신에게 소리치던 인간은 머리가 으깨져 죽게 했고, 그 자리에 있던 이들은 전염병에 걸려 죽게 했다.

날카로운 눈매가 특징이며 한 손에는 커다란 몽둥이를 들고 있다. 겉모습만 봐도 함부로 다가갈 수 없는 강한 귀신임을 알 수 있다. 두억은 특정한 시간, 장소 상관없이 어느 날 홀연히 사람들 앞에 나타난다. 귀신 무리의 우두머리를 하고 있거나 간혹 신의 전령 역할을 하기도 하는데, 이러한 경우에도 무시무시한 모습은 그대로라 소식을 전할 때 받는 이들이 놀라곤 한다. 실제로 예전에 흉악한 모습으로 어떤 이에게 찾아가 곧 임진왜란이 일어날 것이라는 이야기를 하고 사라졌다는 기록이 있다. 기본적으로 악한 귀신이며 괜히 건드리면 더 큰 화를 부르니 두억시니의 심기를 거스르지 않도록 조심하자.

뒷간귀신

이름	측신	이해관계	-1	POWER | 파워지수
종	신령	출몰지역	화장실	지능
분류	신령-수련형	키/크기	159cm	근력 · 주술
속성	흙 (土)	몸무게	42kg	**34**
특징	화장실을 지키는 가택신 인간을 싫어함	나이	알 수 없음	자연조절 · 요술
		시대	고대	

화장실을 지키는 신이다. 집안의 변소를 관장하는 가택신이지만 인간들에게 호의적이진 않으며 악신 혹은 단순한 귀신으로 보는 예도 있다. 머리가 매우 길고 깡마른 여자의 모습으로, 멀리서부터 고약한 냄새를 풍기며, 오물을 온몸에 묻힌 모습이다. 얼굴 또한 누렇고 지저분하다.

뒷간귀신은 늘 뒷간에 있는 것이 아니라 '6'이 든 날짜(매월 6일·16일·26일 등)에만 머무른다. 뒷간*에 있을 때는 주로 변기 위에 앉아 자신의 긴 머리카락을 세면서 시간을 보낸다.

성격이 포악하고 예민하여 쉽게 노여워하고, 인간을 괴롭히거나 골탕 먹이기를 즐긴다. 보통은 오물을 묻히는 장난까지만 하는데, 인기척 없이 화장실에 오는 이에게는 화장실에 빠트려 버리는 일까지 가리지 않는다. 뒷간귀신의 장난을 피하고 마음을 달래주기 위해 우리 조상님들은 똥떡을 만들어 뒷간귀신을 위한 제사를 지내주기도 하였다.

* **뒷간 :** 과거의 재래식 화장실. 깊이가 깊어서 어린아이들이 변소에 빠질 때가 있었다.

매화노인

이름	노나무	이해관계	0
종	요괴	출몰지역	영남 지방
분류	물괴-자연물형-생물형	키/크기	210cm
속성	나무 (木)	몸무게	92kg
특징	오래된 매화나무의 정령 예의를 중요하게 여김	나이	600
		시대	조선

POWER | 파워지수

지능 / 주술 / 요술 / 자연조절 / 근력

38

아주 오래된 매화나무에서 태어난 나무의 정령 같은 존재다. 머리와 수염에는 매화꽃이 아름답게 피어 있는데, 매화노인은 이 꽃들을 매우 자랑스럽게 생각한다. 항상 정갈한 옷차림을 고수하며, 근처에 가면 향긋한 매화꽃 향이 난다. 오랜 시간을 살아온 만큼 지혜롭다. 매화노인은 자신이 있는 지역 나무들의 우두머리이기도 하다.

매화나무에서 태어난 만큼 매화나무가 시들거나 상처를 입으면 매화노인에게도 그 영향이 미친다. 그래서 평소에는 온화한 표정과 말투로 친절을 베풀지만, 매화나무에 해를 끼치는 자들에게 악몽을 꾸게 하는 등의 보복을 하며, 매화나무를 말라 죽게 하거나 베어낸 이에게는 저주를 내려 죽게 만든다.

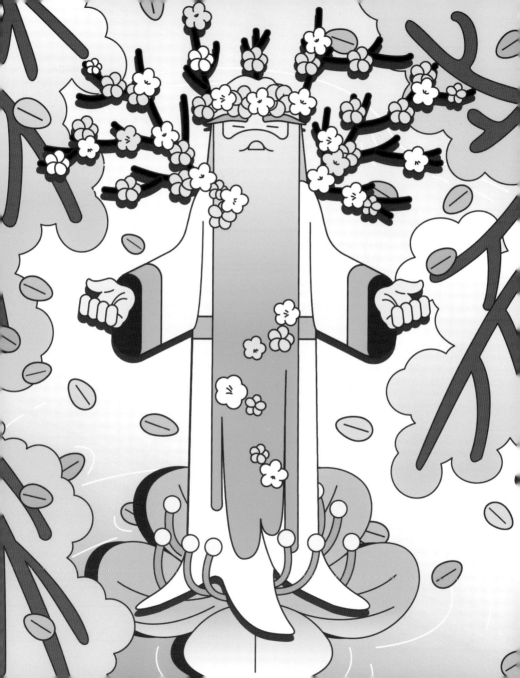

몽달

이름	몽달	이해관계	-1	POWER | 파워지수
종	귀신	출몰지역	주택가	
분류	괴인-일반형-인귀형	키/크기	175cm	
속성	불 (火)	몸무게	21g	
특징	온몸으로 애정을 뿜어내는 총각 귀신	나이	30	
		시대	조선	

POWER | 파워지수
지능 · 주술 · 요술 · 자연조절 · 근력
22

사랑을 이루지 못하고 죽은 남자로 이름은 몽달이다. 생전에 이룰 수 없는 절절한 짝사랑을 하다가 사랑하는 이와 결혼도 하지 못한 채 억울하게 죽어서 귀신이 되었다.

죽은 후에도 상사병을 깊게 앓고 있어 온몸으로 애정을 뿜어낸다. 넘치는 애정을 미혼인 여성에게 붙어 표현하는데, 결혼하지 못하게 하는 등 잘못된 방법으로 쏟아내기도 한다. 악한 마음을 먹으면 이미 연인이 있는 여성을 빼앗아 가기도 하므로 빨리 떨어뜨려야 한다.

사혼식

사혼식은 영혼결혼식을 의미한다. 총각귀신과 처녀귀신의 한을 달래주기 위해 유족들이나 무당이 사혼식을 열어주는데, 결혼식과 크게 다르지 않다. 귀신끼리 궁합을 보고, 궁합이 맞으면 택일하여 그날에 사혼식을 한다. 이때 신부와 신랑을 대신하기 위해서 신랑복과 신부복을 입은 인형을 만든다. 결혼식이 시작되면 인형끼리 서로 절을 시키고 인사를 하게 한 다음, 결혼식이 끝나면 신방에 두 인형을 넣어서 합방하게 한다.

묘두사

이름	묘두사	이해관계	+2
종	요괴	출몰지역	장단군 진서면
분류	괴수-이형-혼합형	키/크기	170cm
속성	물 (水)	몸무게	80kg
특징	입에서 나오는 푸른 연기는 치유 능력이 있음	나이	513
		시대	고려

POWER | 파워지수

지능 / 주술 / 요술 / 자연조절 / 근력

34

고양이의 머리에 뱀의 몸을 가진 요괴다. 수많은 척추로 이루어진 기다란 몸을 이용해 유연하게 움직이며, 걷거나 뛸 때는 앙증맞은 네 발을 이용한다. 묘두사는 주로 마을에서 가까운 산속 뱀굴에서 생활하며, 동물들을 다루는 능력을 이용해 자신의 은신처인 뱀굴을 지키게 한다. 그저 먹는 것을 좋아하고 순한 요괴라 먼저 공격하지 않는 이상 절대 해를 끼치는 일이 없다.

묘두사는 기분이 좋을 때 입에서 푸른 연기가 나온다. 이 연기는 악한 것을 정화하고, 질병을 치료하는 힘이 있어 많은 인간과 동물이 묘두사를 찾아오기도 한다. 인간의 음식을 좋아하는 묘두사는 인간에게 음식을 얻어먹고 난 후에 푸른 연기를 인간에게 나누어주며 서로 상부상조한다.

물귀신

이름	수영	이해관계	-2
종	귀신	출몰지역	물가*
분류	괴인-일반형-인귀형	키/크기	165cm
속성	물 (水)	몸무게	21g
특징	인간을 물속으로 끌어 당김	나이	24
		시대	조선

POWER | 파워지수

지능 / 주술 / 요술 / 자연조절 / 근력

26

물에 빠져 죽어서 되는 귀신이다. 자신이 빠져 죽은 물속에서 벗어날 수 없으며, 사람들을 물 속으로 끌어들여 죽이려 한다. 밤에 주로 활동하며 낮에는 깊은 물속에서 헤매고 다닌다. 여러 물귀신 중 이 귀신은 물에 빠져 죽은 여인으로, 물속에서 오랜 시간을 보내기 때문에 피부가 파랗고 몸에서는 심한 비린내가 나는 것이 특징이다.

물귀신은 주로 물에 들어온 이들 혹은 물가 근처에 있는 인간들의 발목을 붙잡아 끌어당기는데 한 번 잡히면 빠져나오기 힘들다. 물귀신의 해초 같은 머리카락에 발이 엉켜 나오지 못하는 일도 있다.

물귀신은 금과 은을 싫어하여 강이나 바다를 건널 때 금과 은을 가지고 있으면 물귀신으로 인한 화를 면할 수 있다고 한다. 하지만 이들은 피하는 것이 최선이므로 음침한 느낌이 드는 강이나 깊은 계곡, 깊은 바다 물 속에는 가지 않는 것이 좋다.

* **물가 :** 바다, 강, 못 따위와 같이 물이 있는 곳의 가장자리.

방상시

이름	방상시	이해관계	+1
종	신령	출몰지역	장례식장
분류	신령-신형	키/크기	약 150cm
속성	흙 (土)	몸무게	약 45kg
특징	장례식에서 악귀를 내쫓는 수호신	나이	1500
		시대	고려

POWER | 파워지수

지능 / 주술 / 요술 / 자연조절 / 근력

45

고려 시대부터 악귀들을 쫓아내는 역할을 해온 수호신이다. 나례(儺禮)*와 장례 의식에서 그 역할을 해왔다. 황금색의 눈이 4개인 것이 가장 큰 특징이며, 붉은색의 탈을 쓰고 있다. 잡귀들을 물리치기 위해 오른손에는 날카로운 창을, 왼손에는 사자가 조각된 직사각형 황금빛 방패를 들고 있다. 장례 때 행렬의 맨 앞에서 춤을 추듯이 창과 방패로 잡귀를 물리치고, 시신을 묻는 곳에 도착하면 그곳의 네 귀퉁이를 창으로 찔러 귀신이 다가오지 못하게 한다.

* **나례(儺禮) :** 음력 섣달그믐날 밤에 민가와 궁중(宮中)에서 마귀와 귀신을 쫓기 위하여 베풀던 의식

범

Bum

이름	범	이해관계	-2
종	요괴	출몰지역	산길
분류	괴수-이형-공상형	키/크기	38cm~400cm
속성	달 (月)	몸무게	5kg~1t
특징	떡을 매우 좋아함	나이	알 수 없음
		시대	고대

POWER | 파워지수

지능 / 주술 / 요술 / 자연조절 / 근력

34

범은 호랑이 모습을 한 요괴다. 깊은 산속을 돌아다니며 굶주림에 지쳐 기력이 없을 때나 인간을 꾀어내려 할 때는 귀엽고 작은 고양이 같은 모습을 하고 있다. 이러한 귀여운 모습으로 홀린 후 순식간에 잡아먹는다. 인간을 잡아먹을 때는 흉악한 본모습을 드러낸다. 번뜩이는 눈에, 입은 외계인처럼 커져 날카로운 이빨이 득실거리며, 몸이 일정한 형태 없이 흐물거리는 거대하고 무서운 모습이다. 범은 인간을 잡아먹고 나면 그 인간의 목소리나 생김새를 흉내 낼 수 있는데, 이 점을 이용하여 또 다른 인간을 잡아먹는다.

해와 달이 된 오누이

해와 달이 된 어린 남매의 이야기 속 호랑이는 정말 일반적인 호랑이였을까? 사람처럼 말을 하고, 사람 행세를 할 수 있었던 모습. 오누이의 엄마를 잡아먹은 후엔 목소리를 흉내 내며 오누이를 현혹하던 모습. 그리고 일반적인 호랑이들과 달리 나무를 탈 줄 모르던 모습. 해와 달이 된 오누이 속 호랑이는 아마 호랑이의 모습을 한 '범'이 아니었을까?

장산범

장산에 산다고 알려진 호랑이 요괴다. 온몸에 하얗고 비단결 같은 긴 털이 나 있는데, 사람의 목소리를 흉내 내 먹이를 꾀어내고 잡아먹는다.

불가사리

Bulgasari

이름	불가사리	이해관계	-2*	POWER | 파워지수
종	요괴	출몰지역	무기창고, 제철소 등	
분류	괴수-이형-공상형	키/크기	5cm~	
속성	쇠 (金)	몸무게	20g~	
특징	밥알에서 탄생 쇠를 먹을수록 커짐	나이	700	
		시대	조선	

POWER | 파워지수

지능 / 주술 / 요술 / 자연조절 / 근력 — 51

죽일 수 없는 존재라 해서 불가사리(不可殺伊)라 부르는 요괴다. 사람이나 기록에 따라 '불가살이'라고 부르기도 한다. 생김새만 보면 푸른색 털이 덮여있는 기묘한 코끼리에 가깝다. 불가사리는 쇠와 철을 먹는데, 먹으면 먹을수록 그 몸집이 거대해진다. 몸이 커지는 것뿐만 아니라 피부도 쇠와 철만큼 단단해진다. 그 어떤 단단한 창과 칼로도 피부를 뚫을 수 없으며, 불가사리를 죽일 수 있는 것은 없다. 철을 먹어서 그런지 배설되는 똥도 튼튼해서 그것으로 옥석(玉石)*도 자를 수 있다. 단 불가사리의 유일한 약점이 하나 있는데 그것은 바로 불이다. 불로 죽일 수 있다고 하여 '불가사리〔火可殺伊〕'라 하게 되었다는 이야기도 있다. 불가사리가 가진 특별한 능력 중 또 하나는 악몽을 쫓아낼 수 있다는 것이다. 자신에게 도움을 준 이 혹은 선한 이들에겐 악몽을 꾸지 않도록 해준다.

* **옥석(玉石)** : 옥이 들어 있는 돌. 또는 가공하지 아니한 천연의 옥.

삼목구

이름	삼목구	이해관계	+2
종	신령	출몰지역	저승의 입구
분류	신령-신형	키/크기	120cm/인간형 2m
속성	달 (月)	몸무게	20kg/인간형 98kg
특징	지옥문을 지키는 대왕	나이	1178
		시대	신라 문성왕

POWER | 파워지수

55

지능 / 주술 / 요술 / 자연조절 / 근력

재앙을 쫓고 악귀와 잡귀로부터 인간을 보호해준다. 눈이 세 개인 개의 모습을 하고 있으나, 삼목구의 진짜 정체는 지옥문을 지키는 삼목대왕이다. 인간 세상으로 귀양을 오면서 일반적인 개와 같은 모습으로 변하였다.

3년 동안 인간에게 은혜를 입고 또 잘 보필하면 다시 저승으로 돌아갈 수 있다. 그래서 삼목구는 충성심이 강하며 주인을 잘 따르고, 주인에게 생길 수 있는 삼재를 짖어서 쫓아내기도 한다. 고려 시대 때 실제로 합천의 이거인이라는 사람이 삼목구를 3년 동안 잘 보살펴 주었고, 죽은 후 저승에 갔을 때 삼목대왕을 만났다. 삼목대왕은 팔만대장경*을 완성하고 싶다는 이거인의 소원을 이루어줌으로써 은혜를 갚았다는 설화가 있다.

* 팔만대장경(八萬大藏經) : 고려 고종 23년(1236)부터 38년(1251)에 걸쳐 완성한 대장경. 부처의 힘으로 외적을 물리치기 위하여 만들었는데, 경판(經板)의 수가 8만 1,258판에 이르며 현재 합천 해인사에 보관하고 있다.

삼충

이름	팽거, 팽질, 팽교	이해관계	-2
종	요괴	출몰지역	사람의 몸속
분류	괴수-이형-공상형	키/크기	0.5cm~10cm
속성	쇠 (金)	몸무게	0.02g
특징	인간의 잘못을 고자질하고 수명을 빼앗음	나이	알 수 없음
		시대	고대

POWER | 파워지수

지능 / 주술 / 요술 / 자연조절 / 근력

25

인간의 몸에 기생해서 살아가는 괴물 벌레다. 삼충은 인간의 머리, 배, 발 세 부분에 각각 자리한 상시, 중시, 하시를 통칭하여 붙여진 이름이다. 이들 각자의 이름은 팽거, 팽질, 팽교다. 지네와 비슷한 생김새로 몸이 길고 다리가 많다. 매우 작은 크기로 인간의 몸에 들어가 병이 나게 하거나 잠들지 못하게 하거나 욕망을 조절해서 수명을 서서히 빼앗는다. 또한 기생하는 인간의 잘못을 60일마다 하늘에 올라가 옥황상제에게 고하여 수명을 빼앗기도 한다. 몸에 삼충이 들어오면 그 부위가 매우 가려워 견딜 수 없는데, 이때 자귀나무의 연기를 가려운 부위에 쐬거나 석류를 먹으면 삼충을 퇴치할 수 있다.

석굴선생

이름	김석굴	이해관계	+1
종	요괴	출몰지역	지리산
분류	괴인-이형-사고형	키/크기	162cm
속성	달 (月)	몸무게	60kg
특징	산속 석굴에 사는 지혜로운 괴인	나이	1600
		시대	조선

POWER | 파워지수

지능
근력
주술
자연조절
요술

43

깊은 산속 석굴에 사는 신비한 괴인이다. 언제부터, 무엇 때문에 석굴로 들어갔는지는 알 수 없으나, 오랜 시간 석굴에서 수련을 거쳐 지혜로움과 인내를 가진 신비한 괴인이 되었다. 항상 정갈한 도복 차림을 하고 있으며, 강인함과 우직함의 상징이다.

석굴선생은 붉은 털이 얼굴부터 발끝까지 빼곡히 자리해있다. 오랜 시간 햇빛도 보지 못한 채 동굴에 있었기에 얼굴까지 털로 뒤덮인 것으로 보인다. 아주 오래전 보통 사람과는 다른 그의 겉모습으로 인해 사람들은 그를 멀리했다고 한다. 사람들이 자신을 멀리했음에도 불구하고 그는 삶에 지쳐 석굴로 자신을 찾아온 이들에게 고민을 해결해주기도 하고, 세상의 이치를 알려주기도 한다. 석굴 속 배를 이용해 이동하며, 외부인이 들어올 때도 이 배를 이용해 맞이한다. 사람이 타고 있지 않아도 배가 스스로 손님을 찾아가며, 배에 탄 손님을 석굴선생에게 데려다준다. 석굴선생이 있는 곳은 정확하지 않으나 그를 지리산에서 봤다는 이야기도 있다.

성주신

이름	성주	이해관계	+3*	
종	신령	출몰지역	집	
분류	신령-신형	키/크기	168cm	
속성	나무 (木)	몸무게	72kg	
특징	가택신 중 가장 영향력이 큰 신	나이	알 수 없음	
		시대	고대	

집의 건물을 수호하는 신으로 집안을 다스리는 가택신 중 가장 영향력이 큰 신이다. 너그럽고 푸근한 인상에 길고 풍성한 흰 수염이 특징이고, 고급스러운 붉은 옷을 입고 있다. 하늘에서 대나무를 타고 내려왔으며, 처음으로 인간에게 나무를 베어 집 짓는 법을 알려준 신이기도 하다. 집을 지키는 신으로써 집안 곳곳 어디에나 있으며, 제아무리 영악하고 독한 귀신이 오더라도 집안에 발끝조차 들일 수 없게 막아낸다.

성주신의 힘은 곡식을 저장하는 성주단지에서 나온다. 그래서 성주단지 안의 곡식은 해마다 추수를 마친 10월에 햇것으로 바꿔줘야 하며, 성주단지를 소홀히 하거나 집안에서 부정한 일이 일어나면 성주신은 미련 없이 그 집의 기운을 빼앗고 떠난다. 성주신의 힘이 집을 나가면 그 집안은 망하게 되므로 성주단지를 잘 모셔야 한다.

성주단지로 집안의 길흉을 아는 법
쌀의 상태가 안 좋다. 쌀의 무늬가 어지럽다. → 집에 안 좋은 일이 생김.
쌀의 상태가 좋다. → 아무 일 없이 평화로움.

이사 갈 때 성주단지 처리 방법
쌀이나 보리는 꺼내 먹고, 단지는 산에 묻고 떠난다.

손각시

A-lang Son

이름	손아랑	이해관계	-1	POWER | 파워지수
종	귀신	출몰지역	주택가	
분류	괴인-일반형-인귀형	키/크기	165cm	
속성	달 (月)	몸무게	21g	
특징	꿈에 나타나 인간을 괴롭힘	나이	22	
		시대	조선	

파워지수: 25 (지능, 주술, 요술, 자연조절, 근력)

손아랑이라는 이름의 여자 귀신이다. 처녀귀신의 대표로 흔히 손각시라고도 불린다. 손아랑은 결혼도 해보지 못한 채 죽은 것에 한을 품고 귀신이 되어 이승을 떠돌아다니게 되었다. 소복을 입고 긴 머리를 풀어 헤친 모습이 특징이다.

사랑했던 사람 혹은 원한의 대상 앞에 주로 나타나는데, 간혹 혼기가 찬 총각에게 붙어서 결혼을 요구하며 괴롭히거나 자신과 비슷한 또래의 처녀에게 붙어 결혼을 못 하게 방해하기도 한다. 사람의 꿈속에도 침범할 수 있어서 잠든 순간마저 나타나 괴롭히거나 원한을 호소한다. 무서운 점은 자신의 한이 풀릴 때까지 한 번 점찍은 인간 앞에 계속해서 나타난다는 것이다. 이 귀신이 떠나게 하는 단 한 가지 방법은 한을 풀어주는 것뿐이다. <조선무속고>에 따르면 '우리나라 원귀 중에서 가장 무서운 원귀는 손각시다.'라고 기록되어 있을 정도로 그 원한이 강한 것으로 보인다. 이렇게 한이 깊은 손각시인 손아랑은 음산한 기운을 강하게 내뿜으며, 근처만 가도 입김이 나올 정도로 한기가 느껴지므로 위험하다. 얽히지 않도록 조심하자.

수룡

Suryong

이름	수룡	이해관계	+3*	POWER | 파워지수
종	신수	출몰지역	바다	
분류	신수-환수형	키/크기	6000cm*크기변형가능	
속성	물 (水)	몸무게	1.2t	
특징	땅 영역의 물을 다스리는 데 가장 뛰어남	나이	알 수 없음	
		시대	고대	

POWER | 파워지수
지능 / 주술 / 요술 / 자연조절 / 근력
76

인간 세상의 물, 즉 땅의 영역 속 물을 다스리는 용이다. 수룡은 인간 세상에 존재하는 물을 다루는 데 그 어떤 용보다 뛰어난 능력을 갖추고 있는 신수다.

수룡은 하늘색의 몸에 물고기와 같이 비늘로 덮여있으며, 이 비늘 덕에 물의 저항 없이 물속을 유려하게 헤엄친다. 등과 꼬리의 옥색 지느러미 또한 수룡이 바닷속을 마음껏 다니는 데 유용하다. 수룡은 매의 발과 같은 날카로운 발톱으로 물에 들어오려는 악한 이들을 공격하여 쫓아낸다.

식인귀

이름	식인귀	이해관계	-1	POWER | 파워지수
종	귀신	출몰지역	전쟁터	지능
분류	괴인-일반형-인귀형	키/크기	190cm	근력 — 주술
속성	쇠 (金)	몸무게	21g	20
특징	시체의 골수를 빨아먹음	나이	507	자연조절 — 요술
		시대	청나라 초기	

사람을 잡아먹는 귀신이다. 정확히는 죽은 사람을 먹는다고 할 수 있다. 특히 시체의 골수를 빨아먹는 것을 좋아하며, 강력한 이빨과 두꺼운 손을 통해 사람의 머리를 깨서 골수를 빼먹는다. 그래서 주로 사람의 시체가 많은 전쟁터에서 식인귀를 발견할 수 있다. 배를 채운 후 기분이 좋으면, 입에서 피를 뚝뚝 흘리며 시체와 시체 사이를 뛰어다니곤 한다.

　키가 190cm에 가까운 커다란 덩치에 붉은 피부가 특징으로 몸 곳곳에 초록색 털이 나 있는 무시무시한 외관을 가졌다. 눈이 하나밖에 없으며, 일그러진 얼굴과 위협적인 이빨이 식인귀를 더욱더 무서워 보이게 한다. 무언가 파괴하는 걸 좋아하고 자주 화를 내는 공격적인 성정을 가졌지만, 의외로 단순하게 생각하며 머리는 멍청한 편이다. 또한 예상하지 못한 돌발 상황에 매우 취약하며 겁이 의외로 많다. 실제로 옛날에 죽은 척하던 남자가 벌떡 일어나 자신을 잡아먹으려던 식인귀의 입을 돌로 내려치자 식인귀가 놀라 도망갔다는 기록이 존재한다.

아귀

이름	아귀	이해관계	-1
종	귀신	출몰지역	전국 각지 맛집
분류	괴인-일반형-인귀형	키/크기	162cm
속성	쇠 (金)	몸무게	21g
특징	먹어도 먹어도 배고픈 귀신	나이	개체마다 다름
		시대	개체마다 다름

POWER | 파워지수

지능 / 주술 / 요술 / 자연조절 / 근력

22

살아생전에 욕심이 많았던 자들이 죽어서 변한 귀신이다. 사람의 모습을 하고 있으나, 배가 풍선처럼 크게 부풀어 있고 그 외의 부분은 매우 앙상하고 깡말라 있다. 특히 목이 비정상적으로 얇고 목구멍이 좁아 음식에 욕심을 내어도 그만큼 먹지 못한다. 끊임없이 배고파하므로 눈은 오로지 음식만을 쫓고 손은 먹는 데에만 사용한다.

영혼 자체로도 존재하지만 다른 사람의 몸에 빙의하여 식욕을 채우기도 한다. 아귀가 빙의된 사람은 끊임없이 음식을 먹으며, 음식을 계속해서 주지 않으면 곁에 있는 사람을 때리거나 해를 가한다. 이들이 원하는 대로 맞춰주다가 파산하는 예도 있다.

야광귀 형제

이름	양이(형)	이해관계	-1
종	귀신	출몰지역	주택가
분류	괴인-일반형-인귀형	키/크기	100cm
속성	달 (月)	몸무게	21g
특징	신발을 좋아하는 귀신 밤에 매우 밝게 빛남	나이	320
		시대	알 수 없음

POWER | 파워지수
22

이름	광이(동생)	이해관계	-1
종	귀신	출몰지역	주택가
분류	괴인-일반형-인귀형	키/크기	90cm
속성	달 (月)	몸무게	21g
특징	신발을 좋아하는 귀신 형 따라쟁이	나이	200
		시대	알 수 없음

POWER | 파워지수
17

이름과 같이 어두운 밤에 밝게 빛나는 귀신으로, '야광이', '야광신'으로 불리기도 하며 밤에만 활동한다. 멀리서도 눈에 띌 만큼 머리와 온몸에서 밝은 빛이 나서 어두운 밤에도 야광귀를 알아보기 쉽다. 초록빛의 피부가 특징이며 전체적으로 둥글둥글한 모습이 매우 귀여운데 귀신답게 신체의 일부분 중 뼈가 드러나 있기도 하다.

　야광귀 형제는 신발을 매우 좋아한다. 인간 세상으로 내려가 신발을 훔쳐 오는 것이 취미이자 가장 좋아하는 일로, 어린아이의 신발을 자주 훔친다. 야광귀에게 신발을 도둑맞은 인간은 신발과 함께 운도 빼앗기기 때문에 그해에 재수가 없다. 신발을 도둑맞지 않기 위해선 집 벽에 체 혹은 구멍이 많은 물건을 걸어두면 된다. 야광귀는 구멍이 많은 물건을 발견하면 구멍을 세는 습성을 가지고 있기 때문에 날이 밝는 줄도 모르고 그걸 세다가 새벽 닭이 울면 신발을 훔치지 못하고 도망간다.

어둑시니

이름	딤딤	이해관계	-1	POWER | 파워지수
종	귀신	출몰지역	길 혹은 산속	지능 38
분류	괴인-일반형-인귀형	키/크기	112cm~?	
속성	달 (月)	몸무게	21g	
특징	인간의 공포심을 먹으면 몸이 커짐	나이	알 수 없음	
		시대	알 수 없음	

인간의 두려움을 먹고 사는 귀신이다. 어둠을 뜻하는 '어둑'과 귀신을 뜻하는 '시니'의 합성어로 '어둑시니'라고 불리지만, 진짜 이름은 딤딤이다. 어둑시니라는 호칭에 걸맞게 어두운 밤에만 나타나며, 숲길이나 산중에서 주로 목격된다.

처음에는 작은 체구의 어린아이로 나타나 누군가가 자신에게 관심을 보이면 그때부터 그 인간을 쫓아다니는데, 처음에는 이상한 점을 느낄 수 없지만 집요하게 쫓아오는 심상치 않은 어린아이의 모습에 인간은 겁을 먹는다. 겁을 먹는 순간부터 어둑시니는 몸집을 키우며, 끝에는 날카로운 이빨을 가진 거대한 괴물의 모습이 된다. 거대해진 어둑시니를 피하기는 힘들며, 어둑시니에게 벗어나기 위해선 겁을 먹지 않는 것이 중요하다. 인간의 두려움을 먹지 못하는 순간부터 커져 있던 어둑시니의 몸집은 다시 작아지며 어린아이 모습으로 돌아온다.

얼굴귀신

이름	얼크니	이해관계	-1	POWER | 파워지수
종	귀신	출몰지역	주택가 담벼락	지능
분류	괴인-일반형-인귀형	키/크기	45cm	근력 / 주술
속성	달 (月)	몸무게	21g	16
특징	얼굴만 둥둥 떠다니는 귀신	나이	411	자연조절 / 요술
		시대	조선 성종	

몸 없이 얼굴만 둥둥 떠다니는 귀신이다. 얼굴 크기가 보통 사람보다 매우 크고, 눈가와 입 주위에는 겹겹이 쌓인, 녹아내리는 듯한 모습의 주름이 가득하다. 정리되지 않은 빛바랜 은발의 쪽 찐 머리 또한 하나의 특징이다.

얼굴귀신은 인간을 상대로 놀라게 하는 장난을 즐긴다. 주로 하는 장난은 인간이 길을 지나갈 때 담벼락이나 벽 뒤에 숨어 얼굴만 내놓은 채로 어릴 적 이름 혹은 애칭을 불러 자신에게 오도록 한다. 그리고 자신에게 가까이 다가오면 놀라게 하는 것이다. 담벼락에 얼굴만 내밀고 있으면 그냥 할머니와 같은 모습이며, 목소리도 할머니 목소리를 내기 때문에 많은 인간이 속는다.

얼굴귀신이 자주 하는 또 다른 장난은 '공놀이'다. 어둠 속에서 공인 척 데굴데굴 굴러서 인간의 발치에 가까이 다가간 후 공을 차기 위해 고개를 아래로 내린 순간 놀라게 만든다. 만약 표적이 된 인간이 아래를 보지 않고 얼굴귀신을 발로 찬다면, 얼굴귀신은 아주 큰 소리로 고함을 질러 인간을 놀라게 한다.

업신

Luckshin

이름	럭신	이해관계	+2*	POWER | 파워지수
종	신령	출몰지역	창고	
분류	신령-신형	키/크기	20cm	
속성	쇠 (金)	몸무게	1.3kg	
특징	집안에 재물을 불러들임	나이	알 수 없음	
		시대	고대	

POWER 파워지수: 지능, 주술, 요술, 자연조절, 근력 — 27

집안에 재물을 불러들이고 풍족하게 하는 재물의 신이다. 다른 가택신들과 달리 실물로 목격되며, 주로 두꺼비의 모습으로 나타난다. 가끔 구렁이나 족제비 등 다른 동물의 모습으로 나타나기도 한다. 우리가 아는 '두껍아 두껍아 헌 집 줄게 새집 다오~' 노래도 두꺼비로 나타난 업신에게 복과 재물을 기원하는 내용이 바탕이 된 것이다.

　덕을 쌓은 자들의 집안에 들어오며, 들어온 이후에는 주로 마루 밑에 자리를 잡는다. 업신을 알아보지 못하고 쫓아내거나 해를 끼치면 안 좋은 일이 생기며, 업신을 알아봤다고 해도 절대로 다른 이에게 말하거나 소문을 내서는 안 된다.

두껍아 두껍아 헌 집 줄게 새집 다오
두껍아 두껍아 헌 집 줄게 새집 다오
두껍아 두껍아 물 길어 오너라 너희 집 지어줄게
두껍아 두껍아 너희 집에 불 났다
쇠스랑 가지고 뚤레뚤레 오너라

두껍아 두껍아 헌 집 줄게 새집 다오
두껍아 두껍아 물 길어 오너라 너희 집 지어줄게
두껍아 두껍아 너희 집에 불 났다
쇠스랑 가지고 뚤레뚤레 오너라

외다리귀신

Handalee

이름	한달이	이해관계	-1
종	귀신	출몰지역	주택가
분류	괴인-일반형-인귀형	키/크기	190cm
속성	쇠 (金)	몸무게	21g
특징	다리가 하나뿐이고 병을 옮기고 다님	나이	356
		시대	조선

POWER | 파워지수

27

지능 / 주술 / 요술 / 자연조절 / 근력

다리가 하나뿐인 귀신이다. '독각귀'라고도 사람들에게 불리며, 원래부터 다리가 하나였다. 전체적으로 음침하고 무서운 분위기를 풍기는데 외다리 귀신의 모습 중 특히 눈에 띄는 건 다리가 비정상적으로 길고 하나뿐이라는 점이다. 짚으로 엮은 모자를 쓰고, 어깨에 머무는 짧은 길이의 도롱이를 걸치고 다닌다. 다리가 하나뿐이지만 껑충껑충 잘 뛰어다니며, 뛸 때는 웬만한 사람보다 훨씬 빠른 속도를 자랑한다. 높이 뛰어오를 수도 있어 일반 주택의 지붕 정도는 단번에 오를 수 있다.

외다리 귀신 한달이는 주로 날이 흐리고 비가 오는 날에 병을 옮기기 위해 나타난다. 그래서 외다리 귀신이 있는 곳에는 항상 아픈 사람이 생긴다. 한달이는 자신을 무서워하지 않고 뚫어지게 쳐다보는 이를 싫어하므로, 외다리 귀신을 쫓아내고 싶으면 눈을 피하지 말자.

우렁각시

이름	우렁(여)	이해관계	+1
종	요괴	출몰지역	논밭
분류	괴수-일반형-요술형	키/크기	7cm/인간 155cm
속성	불 (火)	몸무게	20g/인간 45kg
특징	가사능력이 매우 뛰어남 여자 사람으로 변신함	나이	422
		시대	조선

POWER | 파워지수

지능 / 주술 / 요술 / 자연조절 / 근력

24

자아를 가지고 있던 우렁이가 오래 삶으로써 이지(理智)*를 갖게 되었다. 암수에 따라 우렁각시뿐만 아니라 우렁도령도 있으며, 이들은 뛰어난 가사 능력과 인간으로 변신할 수 있는 능력을 갖추고 있다.

　우렁각시는 마음에 드는 인간을 발견하면 먼저 말을 걸어 자신을 데려가도록 한다. 그리고 평소에는 단단한 우렁이 껍데기 속에서 지내다가 아무도 없을 때만 인간의 모습으로 나타나 집안일을 한다. 되도록 자신의 정체를 들키지 않도록 조심스럽게 행동하며 모습을 잘 드러내지 않는 것이 특징이다. 인간의 모습일 때는 아름다운 용모와 집안일에 적합한 옷차림을 하고 있다. 이렇게 우렁각시는 일정 기간을 그 집에서 보낸 후엔 완벽한 인간이 되어 혼인할 수 있다.

* **이지(理智)** : 이성과 지혜를 아울러 이르는 말.

이무기

이름	이무기	이해관계	0	POWER | 파워지수
종	요괴	출몰지역	담수	
분류	괴수-일반형-변이형	키/크기	1000cm	
속성	물 (水)	몸무게	200kg	
특징	500년 묵은 뱀	나이	601	
		시대	알 수 없음	

POWER | 파워지수 — 지능, 주술, 요술, 자연조절, 근력 — 42

용이 되기 전의 요괴다. 구렁이가 500년을 살면 이무기가 되고, 아주 차가운 물 속에서 500년의 세월을 더 보내면 여의주(如意珠)*를 가진 용이 될 수 있다. 이무기는 원래 하나의 종이지만, 이 요괴가 인간에게 가장 먼저 발견되면서 "이무기"라고 불리게 되었다.

구렁이가 500년을 살아야만 될 수 있기에 이무기는 아주 거대한 몸집을 가진 뱀의 모습을 하고 있다. 몸은 흙색으로 비늘이 빼곡히 자리하고 있고, 용이 되는 과정임을 보여주듯이 머리에는 뿔이 조금 자라나 있다.

이무기가 머무는 곳은 물이 마르지 않으며 호수, 연못, 강 등 담수*에 사는 생물들을 부릴 수 있으며, 특히 헤엄치는 동물은 모두 이무기의 지배 아래에 있다. 이무기 중 몇몇 개체는 사람을 끌어당기는 빛을 뿜어내는 등 특별한 능력을 가지고 있는 경우도 있다. 또한 이무기의 고기로 육포*를 만들어 먹으면 나병에 걸린 것이 나을 수 있고 용모도 아름다워진다고 한다.

* **여의주(如意珠) :** 용의 신통력이 든 구슬. 사람이 가지면 소원을 이루어 준다고 한다.
* **담수 :** 강이나 호수처럼 염분이 없는 물.
* **이무기 육포:** 나병에 걸린 이가 이것을 먹으면 병이 낫는다. 자세한 내용은 <한국 판타지 아이템 도감>에서 확인할 수 있다.

장발귀

이름	장발귀	이해관계	-1
종	귀신	출몰지역	백악산 기슭
분류	괴인-일반형-인귀형	키/크기	202cm
속성	나무 (木)	몸무게	21g
특징	머리카락을 자유자재로 움직일 수 있음	나이	629
		시대	조선

POWER | 파워지수

지능 / 주술 / 요술 / 자연조절 / 근력

26

장발귀란 이름 그대로 머리카락이 아주 긴 귀신이다. 키 또한 매우 커, 서 있기만 해도 위압감을 준다. 장발귀는 비린 냄새를 풍기며 나타나, 길고 긴 머리카락 사이로 형형한 눈을 마주치며 인간이 한 발짝도 움직일 수 없게 만든다.

장발귀의 머리카락은 생명이 있는 것처럼 살아 움직이고, 이를 자유자재로 조종할 수 있다. 이 머리카락은 인간이 공포심을 가질수록 그것을 흡수해 더욱 길어지고 힘이 세진다. 그렇게 공포에 굳은 인간을 옭아매어 버린다. 장발귀의 머리카락에 잡혔을 때 벗어나는 첫 번째 방법은 머리카락을 자르는 것이다. 장발귀는 자기 머리카락을 매우 소중하게 생각하므로 머리카락이 잘리면 한동안 정신을 못 차린다. 장발귀를 쫓아낼 수 있는 두 번째 방법은 호통을 치는 것이다. 생각보다 큰 소리에 민감하여 호통을 치면 그냥 사라져버린다.

조왕신

Jowang

이름	조왕	이해관계	+2*
종	신령	출몰지역	부엌
분류	신령-수련형	키/크기	139cm
속성	불 (火)	몸무게	38kg
특징	부엌을 지키는 가택신	나이	알 수 없음
		시대	고대

POWER | 파워지수

지능 / 주술 / 요술 / 자연조절 / 근력

39

집안의 부엌과 불을 관장하는 신이다. 조왕신은 주름이 가득한 백발의 할머니 모습을 하고 있으며, 근엄한 표정과 모든 것을 꿰뚫어 보는 눈빛이 특징이다. 부엌의 부뚜막*에 터를 잡고 있다. 뒷간귀신인 측신과는 사이가 매우 좋지 않다. 그래서 예로부터 집에서 부엌과 화장실은 멀리 떨어져 있었다.

조왕신은 집안을 엄격하게 관리하는 신이기도 하다. 집안의 화목함과 자식들의 건강을 지키는 역할을 한다. 단, 부엌과 아궁이를 소홀히 하면 집안의 가세가 기우니 조심해야 한다.

* **부뚜막** : 부엌 아궁이 위에 흙과 돌을 쌓아서 솥을 걸어 놓는 곳

쥐도령

이름	카피쥐	이해관계	-1	POWER | 파워지수
종	요괴	출몰지역	주택가	
분류	괴수-일반형-요술형	키/크기	105cm	
속성	쇠 (金)	몸무게	28kg	22
특징	인간의 손·발톱을 먹으면 인간으로 변신	나이	230	
		시대	조선	

POWER 파워지수: 지능, 주술, 요술, 자연조절, 근력 (22)

인간의 삶을 욕심 내는 요괴다. 쥐도령 카피쥐는 인간의 손톱과 발톱을 먹으면 그 인간으로 변신할 수 있는 능력이 있다. 이러한 방법으로 인간의 삶을 빼앗아 그 인간인 척 살아간다. 가족들이 알아보지 못할 정도로 완벽한 변신을 하며, 진짜보다 더 진짜 같아 본체가 쫓겨나는 일도 많다.

무서운 점은 그 인간의 외모뿐만이 아니라, 그 인간의 배경과 지식까지 흡수한다는 것이다. 원래 사람보다 더 많은 것을 알고 있으므로 쥐도령에게 자리를 빼앗기면 되찾기가 힘들다. 쥐도령으로부터 자리를 되찾는 유일한 방법은 고양이이다. 쥐도령의 본체는 쥐기 때문에 고양이를 무서워한다. 그 자리의 주인인 척하고 있는 쥐도령 앞에 고양이를 들이밀면 쥐도령은 공포에 질려 도망쳐버린다.

지귀

이름	지귀	이해관계	-2	POWER | 파워지수
종	귀신	출몰지역	경주 일대	
분류	괴인-일반형-인귀형	키/크기	178cm	
속성	불 (火)	몸무게	21g	
특징	지나가는 곳마다 불길이 번짐	나이	29	
		시대	신라 선덕여왕	

POWER | 파워지수 — 지능, 주술, 요술, 자연조절, 근력 / 39

신라 시대 선덕여왕을 짝사랑했다. 그 마음을 전하기 위해 선덕여왕을 기다렸으나 끝끝내 만나지 못하였고, 타오르는 뜨거운 마음을 주체하지 못해 자기 몸마저 불타서 화귀(火鬼)가 되었다. 지귀는 온몸이 꺼지지 않는 불 자체이다. 지귀가 지나간 자리에는 불길이 생기며, 마을 전체가 불바다가 되기도 하였다. 쉽사리 꺼지지 않는 지귀의 불 때문에 사람들은 지귀를 두려워하였다. 이에 선덕여왕은 지귀를 막을 주문을 지어 주었고, 이 주문이 붙은 곳은 지귀의 불이 닿지 않았다.

이러한 특징으로 인해 지귀의 근처에는 아무도 오려 하지 않아, 지귀는 외로움을 굉장히 많이 탄다. 오히려 지귀는 사실 자신에게 다가오는 이들을 굉장히 좋아하며, 사람에게 다가가는 것도 악의는 없다.

선덕여왕의 주문

'지귀가 마음에 불이 나 몸을 태워 화귀가 되었네. 마땅히 창해 밖에 내쫓아 다시는 돌보지 않겠노라.'
선덕여왕의 주문을 외우거나 부적처럼 만들어 붙인 곳에는 지귀가 다가오지 못하며 지귀의 불이 붙지 않는다.

지룡

Jiryong

이름	지룡	이해관계	+3*	POWER | 파워지수
종	신수	출몰지역	땅속	
분류	신수-환수형	키/크기	6000cm*크기변형가능	
속성	흙 (土)	몸무게	1.4t	
특징	땅속을 자유자재로 다닐 수 있는 용	나이	알 수 없음	
		시대	고대	

지능 / 주술 / 요술 / 자연조절 / 근력 — **66**

땅에서만 살아가는 신수로 용 중에서도 그 특징을 찾아보기 힘든 아주 특이한 개체이다. 지룡은 날지 못하는 대신 땅속을 자유자재로 다닐 수 있으며, 땅의 기운을 정화하고 지진과 같은 재해가 일어나는 것을 막는다.

땅속에서 자유롭게 다닐 수 있도록 비늘이 없는 매끄러운 피부와 낮게 솟아있는 뿔을 가지고 있다. 흙처럼 짙은 피부색이 특징이며, 발톱은 땅을 파기 유용한 형태로 땅속을 이동하는 데 적합하다. 공격적인 성격은 아니지만, 땅을 오염시키는 이들에겐 가차없이 벌을 주는데 재해를 막는 것과 반대로 지진을 일으킬 수도 있다.

지박령

이름	지박이	이해관계	-2
종	귀신	출몰지역	죽은 장소
분류	괴인-일반형-인귀형	키/크기	160cm
속성	흙 (土)	몸무게	21g
특징	한이 남은 장소에 얽매여 떠나지 못함	나이	36
		시대	알 수 없음

POWER | 파워지수

지능 / 주술 / 요술 / 자연조절 / 근력

24

자신의 한이 남은 곳에 매여 움직이지 못하는 귀신이다. 특정한 모습이 없으며, 확실한 특징은 나무와 같이 한자리에 뿌리내리듯 서 있다는 것이다. 힘없는 몸과 초점 없는 눈동자도 공통된 특징이라 할 수 있다. 지박령은 죽은 이유, 살아있을 때의 성격, 인간관계 등에 따라 악귀가 되기도 한다.

기본적으로 한이 남아서 한곳에서 떠나지 못하므로 원귀라 할 수 있다. 악귀가 된 경우엔 자신이 죽은 이유와 상관없이 지나가는 사람들에게도 해를 끼친다. 근처에 지나가는 이들을 쉽게 보내주지 않으며, 어떤 수를 써서라도 발목을 붙잡는다. 이들을 퇴치하는 방법은 따로 없으며, 한을 풀어주는 것만이 유일하다.

지하국대적

이름	구머리	이해관계	-2
종	요괴	출몰지역	지하국
분류	괴인-이형-이종형	키/크기	234cm
속성	흙 (土)	몸무게	150kg
특징	겨드랑이 밑 비늘 2개가 약점임	나이	1002
		시대	알 수 없음

POWER | 파워지수

지능 / 주술 / 요술 / 자연조절 / 근력

52

땅 아래의 나라인 지하국*에 사는 괴물 구머리로 인간들에게는 지하국대적이라 불린다. 덩치가 크고, 힘이 세며, 인간 냄새를 매우 잘 맡는다.

머리가 아홉이 달린 것이 가장 큰 특징으로, 하나가 중심이 아닌 아홉 개의 머리 모두가 공존하며 각자의 능력으로 각기 다른 역할을 한다. 이 머리들은 베어도 금방 다시 자라나서 퇴치하기가 매우 어렵다. 지하국대적이 가지고 있는 무기 또한 범상치 않은 것으로, '아귀의 보검*'이라 불리는 칼이다. 이러한 지하국대적의 약점은 겨드랑이 밑에 있는 비늘 2개를 떼버리는 것으로, 그렇게 하면 아홉 개의 머리가 몸에서 떨어져 하늘로 솟구친다. 이때 잘린 부분에 재를 뿌리면 머리가 다시 붙지 못해 죽는다.

지하국대적은 간간이 지상에 올라와 세상을 어지럽히거나 인간들을 납치해간다. 오래전 지하국대적이 지상으로 올라와 공주를 납치하면서 인간 세상에도 존재가 널리 알려지게 되었다. 다행히도 용기 있는 용사가 위의 방법을 통해 지하국대적을 퇴치하고 공주를 구했다고 한다.

* **지하국 :** 지하국은 땅 아래 있는 나라로 많은 괴력난신이 산다고 알려져 있다.
* **아귀의 보검 :** 물체를 치면 썩은 풀이 부러지듯 간단하게 부러뜨리는 무시무시한 칼로, 자세한 내용은 <한국 판타지 아이템 도감>에서 확인할 수 있다.

창귀

이름	굴각, 이올, 육혼	이해관계	-2
종	귀신	출몰지역	산속
분류	괴인-일반형-인귀형	키/크기	20~30cm
속성	달 (月)	몸무게	21g
특징	호랑이에게 잡아 먹힌 귀신 머리만 있음	나이	개체마다 다름
		시대	주로 조선

POWER | 파워지수

지능 / 주술 / 요술 / 자연조절 / 근력

27

호랑이에게 잡아먹힌 후 호랑이에 얽매여 떠나지 못하는 귀신이다. 호랑이는 인간을 잡아먹을 때 머리만 안 먹고 남겨둔다. 그래서인지 몸은 소화되고 영혼은 머리만 있는 형태로 호랑이의 몸에 붙는다.

자신을 잡아먹은 호랑이의 노예로 시중을 들고, 먹이를 유인해서 식사를 책임지며, 길 안내를 한다. 자신을 대신할 다른 인간을 찾아와 호랑이의 먹이로 만드는 데 성공하면 비로소 자유의 몸이 될 수 있다. 살아생전의 모습으로 나타나 인간들을 꾀어내며 자신의 자유를 위해 서슴없이 가족, 친구 등을 먹이로 만들려 한다.

창귀는 잡아먹힌 순서에 따라 호랑이의 몸에서 각각 다른 곳에 자리한다. 첫 번째로 잡아먹힌 인간은 '굴각(屈閣)'이라 불리며 겨드랑이에, 두 번째로 잡아먹힌 인간은 '이올(彛兀)'이라 불리며 광대뼈에, 세 번째로 잡아먹힌 인간은 육혼이 되어 턱에 붙어산다.

창귀들은 각각 사람을 유인하는데 맡은 역할이 다르며, 서로 호랑이에게 양질의 먹이를 대접하기 위해 토론을 하는 등 사이가 서로 좋은 편은 아니다. 호랑이가 다치거나 죽으면 자신에게도 영향이 가기 때문에 창귀는 인간들이 호랑이를 잡기 위해 놓은 덫이나 함정을 빠르게 알아채 이를 못 쓰게 만든다.

천구

이름	천구	이해관계	0
종	신수	출몰지역	우주
분류	신수-환수형	키/크기	120cm (꼬리포함)
속성	불 (火)	몸무게	3.7kg
특징	꼬리가 불꽃으로 이루어짐	나이	1470
		시대	고대

POWER | 파워지수

지능 / 주술 / 요술 / 자연조절 / 근력

39

우주에서 사는 강아지 신수다. 귀여운 강아지와 같은 모습이지만 동그란 눈썹 아래로 가려진 눈에는 영험한 힘이 숨겨져 있다. 천구는 꼬리가 3척(약 90cm)으로 형형색색의 불꽃으로 이루어져 있으며, 몸의 복슬복슬한 털 또한 신비로운 불꽃들로 이루어져 있다.

지상에서 하늘을 올려다보면 가끔 보이는 천구는 우주의 별과 같은 모습이다. 평소에는 하늘 위 우주를 유영하고 있지만 다치거나 죽으면 땅으로 떨어진다. 그 모습이 별똥별처럼 보여 사람들이 소원을 빌었다는 기록이 있다. 천구가 떨어진 곳에는 마치 불길이 솟았던 것과 같은 흔적이 크게 남으며, 꼭 육지에만 떨어지는 것이 아니라 가끔 바다에 떨어지기도 한다.

천록벽사

이름	천록	이해관계	+2*
종	신수	출몰지역	숲속
분류	신수-환수형	키/크기	106cm
속성	해 (日)	몸무게	57kg
특징	머리 위 뿔이 하나	나이	934
		시대	고려

이름	벽사	이해관계	+2*
종	신수	출몰지역	숲속
분류	신수-환수형	키/크기	210cm
속성	해 (日)	몸무게	170kg
특징	머리 위 뿔이 두 개	나이	934
		시대	고려

선한 것을 수호하고 악한 것을 경계하는 신성한 동물이다. '하늘이 주는 복'이라는 의미에서 '천록', '악한 것을 제거한다'해서 '벽사'라 부른다. 뿔이 하나인 동물이 천록이고, 두 개인 동물이 벽사로 이들을 함께 '천록벽사'라 부른다. 생김새는 호랑이와 같으며, 뿔에서는 오색광채가 나는 것이 특징이다. 벽사의 경우엔 목에 하얀 갈기가 둘려 있다. 온몸이 두꺼운 비늘로 덮여있으며, 발가락에는 위협적인 발톱이 자리하고 있다.

천록벽사는 숲에서 주로 발견할 수 있으며, 늘 함께 다니고 커다란 나무에 오르는 것을 좋아한다. 하루에 1만 8천 리(약 7,000km)를 달릴 수 있으며, 천록벽사가 달리는 속도는 쉽게 따라잡기 힘들다. 이들은 만나는 이의 인성과 태도에 따라 복(福)을 줄 수도 불복(不福)을 줄 수도 있다.

충기여서

이름	버들이	이해관계	-1	POWER | 파워지수
종	요괴	출몰지역	여기저기 구석구석	
분류	물괴-자연물형-무생물형	키/크기	3cm	
속성	쇠 (金)	몸무게	0.001g	
특징	물리면 피부병에 걸림	나이	알 수 없음	
		시대	조선	

POWER | 파워지수
지능 / 주술 / 요술 / 자연조절 / 근력
7

버들강아지 풀 모양의 솜털 같은 몸을 가지고 있어 '버들이'라 불리는 먼지 요괴다. 버들이는 공기 중에 갑자기 생성되며 한 번에 많은 수의 개체가 생기기도 하는데, 그래서 수많은 숫자가 떼 지어 공중을 날아다닌다.

귀여워 보이는 모습에 순하겠다고 생각해 사람들이 다가가지만, 버들이는 경계심이 많다. 억지로 만지려 하면 물릴 수 있고, 심하면 버들이가 살갗을 파고들어 피부병에 걸릴 수 있다. 버들이에게 물린 후 생긴 피부병은 일반적인 약으로는 낫기가 힘들어서 함부로 만지지 않는 것이 좋다. 단, 시간을 두고 기다리면 버들이가 경계심을 풀고 다가올 것이므로 인내심을 가지고 기다리자.

탁탁귀병

이름	탁탁이	이해관계	-1
종	귀신	출몰지역	전쟁터 인근 지역
분류	괴인-일반형-인귀형	키/크기	170~180cm
속성	나무 (木)	몸무게	21g
특징	"탁탁" 소리를 냄	나이	개체마다 다름
		시대	주로 조선

POWER | 파워지수

지능, 주술, 요술, 자연조절, 근력
23

전쟁터에서 억울하게 죽은 병사 귀신으로, 병자호란 이후로 많이 나타나기 시작했다. 주로 어두운 밤에 모습을 드러내며 여럿이 무리 지어 다닌다. 탁탁귀병은 항상 갑옷을 갖춰 입고 무기를 들고 다니는데, 옷차림과 함께 초점 없는 눈이 공포심을 더한다.

"탁, 탁", "똑, 똑" 등의 소리를 내서 탁탁귀병이란 이름이 붙었다. 그 소리가 너무 소름 끼쳐서 소리를 들은 사람은 공포에 질리고 밤잠을 설치게 된다. 이 소리는 그들이 전쟁터에서 죽기 전 마지막으로 토해냈던 울음, 억울함, 공포 등이 복합적으로 담긴 소리라고 한다. 이들을 피하려면 탁탁귀병이 내는 소리보다 더 큰 소리를 내면 된다.

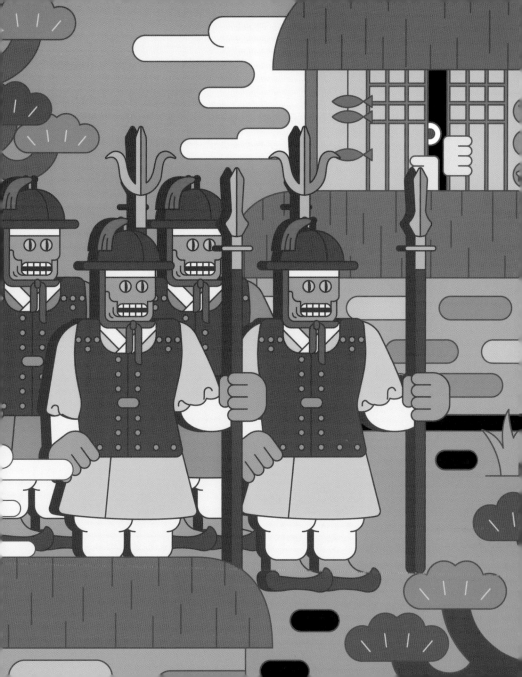

해태

이름	해태	이해관계	+2*	POWER | 파워지수
종	신수	출몰지역	옥황궁	
분류	신수-환수형	키/크기	400cm*크기변형가능	
속성	물 (水)	몸무게	330kg	
특징	화재를 막는 물의 신수 시비와 선악을 판단	나이	2278	
		시대	고대	

POWER | 파워지수 / 지능 / 주술 / 요술 / 자연조절 / 근력 / 61

시비와 선악을 판단하는 정의로운 신수다. '해치'라고도 불리며, '하늘에서 내려온 관리'라는 의미를 담고 있기도 하다. 커다란 호랑이와 같은 생김새를 가지고 있으며, 크고 강렬한 노란색의 눈은 시비를 판단하고, 날카로운 발톱으로 악한 것들을 물리친다. 보랏빛의 몸에는 단단한 비늘이 뒤덮여있고, 겨드랑이에는 날개 같은 깃털이 돋아있다.

해태는 거짓과 진실, 선과 악을 판단하는 능력이 있으며, 정의를 매우 중요시하기 때문에 잘못된 것에 대해서는 칼 같은 처단을 내린다. 또한 화재를 막는 물의 신수로, 해태의 몸엔 신성한 물의 기운이 강하게 섞여 있어 불에 강하다. 재앙을 예측하고 막아낼 수 있는 능력도 갖추고 있다. 그리고 보기와 같이 힘도 매우 강하여 백수(百獸)*가 당해 낼 수 없다고 한다.

* 백수(百獸) : 온갖 짐승.

호문조

Homoonjo

이름	호문조	이해관계	-2
종	요괴	출몰지역	바다 근처 섬
분류	괴수-이형-혼합형	키/크기	350cm
속성	나무 (木)	몸무게	240kg
특징	호랑이 무늬의 거대 새	나이	302
		시대	조선

POWER | 파워지수

지능 / 주술 / 요술 / 자연조절 / 근력

29

호랑이 무늬가 특징인 거대한 새 요괴로, 인간을 한입에 삼킬 수 있을 정도로 크다. 몸은 전체적으로 붉은빛의 털들이 자리하고 있으며, 그보다 짙은 붉은색으로 호랑이 무늬가 있다. 이렇듯 멀리서도 눈에 띄는 강렬한 몸을 가지고 있어, 바다에서 호문조가 날아다닐 때는 그 모습을 쉽게 발견할 수 있다.

호문조는 바다 근처의 작은 섬에서 서식하며, 어부들을 주로 잡아먹는다. 호문조의 날카로운 발톱은 먹잇감을 잡는 데 최적화되어있고, 평소에는 움직임이 매우 느릿하지만 사냥할 때만큼은 누구도 따라잡을 수 없을 만큼 재빠르다. 단, 호문조는 후각과 시각이 좋지 않기 때문에 몸을 잘 숨기면 피할 수 있다. 하늘 위를 나는 호문조를 발견하면 빠르게 숨도록 하자.

황룡

이름	황룡	이해관계	+3*	POWER | 파워지수
종	신수	출몰지역	옥황궁	
분류	신수-환수형	키/크기	25000cm*크기변형가능	
속성	해 (日)	몸무게	가늠할 수 없음	
특징	중앙을 상징하는 하늘의 용	나이	알 수 없음	
		시대	고대	

POWER | 파워지수
지능 / 주술 / 요술 / 자연조절 / 근력
84

중앙을 상징하는 하늘의 용이다. 하늘을 지키고 세상의 균형을 맞추는 데 힘쓴다. 외형에서도 그 위엄을 느낄 만큼 강렬한 인상과 금빛으로 뒤덮여있는 것이 특징이다. 용 중 힘이 가장 강한 용으로, 황룡의 눈은 모든 것을 꿰뚫어 보는 힘이 있어 함부로 쳐다보기조차 어렵다. 천둥·번개 등의 날씨를 다룰 수 있으며, 황룡이 나타나는 곳에는 엄청난 굉음의 벼락이 치고, 황룡이 가는 길엔 구름이 따라다닌다. 이외에도 황룡에게는 다양한 능력이 있어 많은 존재가 두려워함과 동시에 존경하는 신수다.

회음

이름	회음	이해관계	-2
종	요괴	출몰지역	산속 연못
분류	괴수-일반형-요술형	키/크기	132cm
속성	물 (水)	몸무게	50kg
특징	마음에 드는 인간을 귀신으로 만듦	나이	380
		시대	조선

POWER | 파워지수

지능 / 주술 / 요술 / 자연조절 / 근력 — **33**

인간들이 목욕하는 장면을 훔쳐보는 것이 취미인 원숭이형의 음탕한 요괴다. 연못이나 호수 근처에서 살며, 눈의 광채가 번개처럼 번쩍번쩍 빛나는 것이 특징이다. 빛이 들지 않는 물 깊은 곳에 살고 있어서 밖으로 나올 때는 햇빛에 눈을 뜨지 못하기도 한다.

회음은 신통력이 있어 자신의 마음에 드는 인간이 나타나면 그 인간을 가지기 위해 수단과 방법을 가리지 않고 술수를 부린다. 특히 구름과 안개를 만드는 것에 뛰어나 이를 이용해 시야를 차단하고 일행으로부터 마음에 드는 인간이 무리에서 떨어지게 하는 방법을 주로 쓴다. 그리고 그 인간을 귀신으로 만들어 자신의 시중을 들게 한다.

부록

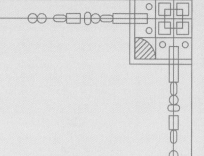

지금부터 보실 기록은 묘신의 초대로 묘신계를 방문할 수 있었던 한 인간이 기록한 내용입니다. 고전 기록에서는 볼 수 없었던 괴력난신들의 숨겨진 모습들을 확인할 수 있습니다. 단, 본 것을 인간 세상에 발설할 시 어떤 일이 벌어질 지는 알 수 없습니다.

고양이 머리 + 뱀 몸
모두사

잠자는 걸 사랑한다.
한번 잠들면 깨우기
매우 힘들다.

게으름뱅이 모두사

모두사는 움직이는 것을 극도로 싫어한다. (= 가만히 누워서
아무것도 안 하는 것을 제일 좋아한다) 그래서 별일이
없는 한, 하루의 2/3를 누워서 지낸다. 이런 성격
때문에 버들벌레들이 모두사의 몸을 미끄럼틀이나
놀이수단으로 자주 애용하는데, 모두사는 조금
귀찮아하는 것 같다.

모두사의 푸른 연기

병을 치료하는 모두사의 푸른 연기.
맛있는 먹을 것을 모두사에게 주면
얻을 수 있다. 푸른 연기는 그림과
같이 입으로 내뿜는다. 힘이 없거나, 배가
너무 고프면 안 나올 때도 있다고 한다.

모두사는 겁이 많다.
무서운 거, 갑자기 튀
어나오는 거
다 안 좋아한다.

움직임

1. 범처럼 움직임
   1-1) 한자리에서 꿈틀거릴 때
   1-2) 나무를 탈 때

2. 네 다리를 이용해서 움직임
   2-1) 걷거나 뛸 때
      뛰면 몸이 출렁거린다.

3. 날아다니기
   힘이 많이 들어서 잘 못 한다.

나무 위에서 범처럼 움직일 때 모습

유연성_척추

모두사의 뼈는 크게 머리뼈와 몸의 뼈(척추 & 갈비뼈 등등)로 구성되어 있다. 그중 400개 넘는 척추골은 모두사의 유연성의 비밀이다.
각 척추골은 상하좌우로 약 25° 정도 구부릴 수 있어서, 마치 뼈가 없는 듯한 동작이 가능함.

먹을 것을 뺏으려고 하면 발톱을 꺼낸다.
특이점 : 발가락 3개

식탐이 많다. (엄청 잘 먹음)

모든 음식을 사랑한다. 그 중에서도 달달한 도너츠나 디
저트류를 좋아한다. 다람쥐처럼 볼 안에 먹을 것을 잔뜩
집어넣고 있는 모습이 자주 목격된다.

모두사는 뱀과 달리 동면하지 않지만
겨울이 되면 먹을 것을 굴 속에 가득 쌓아두고
굴 밖으로 웬만하면 나가려 하지 않는다.

여기도 저기도 버들벌레

버들벌레는 모신게 어디서든 볼 수 있지만
주위 자연물(풀, 구름 등등)에 동화되어 눈에
띄지 않을 때가 많다. .

작고 귀엽고, 털도 복슬복슬해서 굉장히 만져보게
쉽게 생겼다. 그러나 함부로 만지면 물릴 수도 있으므로 주의!

버들벌레는 암수가 따로 없다.
버들벌레는 충분히 털이 자라서 복실복실해지면,
털갈이를 하는데 이때 떨어진 털뭉치에서 새로운 버들벌레가 탄생한다.

모신기계의 하늘에 알록달록한 구름이
진짜 구름이 아니라 버들벌레일 수도 있다.
버들벌레는 매우 가볍기 때문에,
같은 색끼리 뭉쳐서 구름처럼
바람 따라 이동하곤 한다.

버들벌레들이 구름 둥둥을 끝내고
땅으로 내려오는 모습

단풍처럼 나뭇잎이 알록달록하고,
잎들이 모하게
몽실몽실 + 포근하게
보인다면, 버들벌레 뭉치가
나뭇잎 흉내를 내고 있는 거다.

버들벌레는 작게는 10마리에서 많게는 몇천 마리가
뭉쳐서 다닌다.
덕분에 아주 곳곳에서 볼 수 있다.

137

거인의 종류

1. 거인

아주 오래전, 세상을 만들때
이바지했던 거인들.
오랫동안 바다에서 잠들었다가
일어난 듯, 몸 곳곳에 이끼와 불가
사리, 따개비 등이
붙어 있다.

불가사리 중 몇몇은 요리다.
말을 걸면 재밌는 이야기를
들을 수도 있다.

머리 위에 있는 야자수
그그루를 굉장히 아낀다.

2. 장인국의 거인

장인국의 거인들은 검은색 털이 온몸에 나 있는, 털북숭이라고 한다 (거대한 원숭이처럼 생긴 것 같기도..)
정확한 위치는 알 수 없으나, 대인국이 비교적 북쪽 어딘가에 있기 때문에... 아마도 추위를 이겨내기 위해서
털이 이렇게 많이 자란 것은 아닐까??

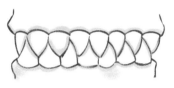

무시무시한 톱니같은 거인의 이빨

갈고리 같은 손. 이 거인이 휘두르는 손에
맞으면 큰일 난다고 한다.
발견시, 손 조심X100

탈모가 나타난 거인
장인국의 거인은 탈모 병에
걸리는 것을 무척 두려워한다.
장인국에서는 털이 권력의 상징
처럼 여겨지는 듯 하다.

3. 대인국의 거인

제일 만나기 싫은 거인이 대인국의 거인이다.
이야기만 들어도 오싹하다.
다른 거인에 비해서 크기는 작지만 가장 잔인한 거인이다.
사람을 꼬치로 만들어 먹다니...

신기한 이빨!!
이빨이 이렇게 전체적으로
이어져 있다고 한다.

완벽한
삼등신
몸매

4. 바다거인

거인들 중 가장 큰 바다거인을 보면, 마치 거대한
신인 고래를 눈앞에 둔 기분이다. 사람의 언어를 사용
할 줄 아는데, 어린 아이처럼 간단한 문장만 말할
줄 안다고 한다 (설득할 생각 말고 도망치는 게 낫다)

바다에서 물고기떼를 발견하면
입을 크게 벌리고 돌진한다.

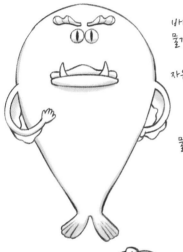

바다거인의 발은
물개와 비슷해서
지상에서
자유롭게 움직이기
힘들다.

하지만
물에서는 매우
빠르다.

배를 발견하면 통째로 삼킨다.

팔은 사람과 비슷하지만, 겨드랑이부터
손목까지 물고기 지느러미 같은 것이 달려있다.

지나가던 철새 무리가
자고있는 바다거인의 머리 위에서
휴식을 취하고 있다.

삼목구와 삼목대왕

삼목구의 특징

눈이 세 개인 삼목구는 첫인상이 익숙하지 않을 수
있지만.... 보면 볼수록 매력적이다.
삼목구는 작은 강아지처럼 보이지만, 겉보기와
다르게 힘이 굉장히 세고 용맹하다.
그런데 사실 삼목구는 본 모습인 삼목대왕의
힘 중 일부밖에 못 쓴다고 한다.
그럼 삼목대왕은 얼마나 강한 걸까?!!!

삼목구의 발

활동적인 삼목구

삼목구는 굉장히 활동적이어서 하루종일
뛰어다닐 수 있다.

열장강도
개높음

본인의 잘생김을 잘 알고
의식하는 삼목구

삼목대왕의 권위를 상징하는
삼목구의 간지아이템
빨간색 띠 위에 스파이크 징이
박혀있다.

아기시절의 삼목구

삼목구 = 삼목대왕

잊지 말자. 삼목구는 삼목대왕님이 변한 모
습이다! 함부로 강아지 모습의 삼목구를 귀여워
해주었다가 당황스러운 일이 생길 수 있다.
삼목구와 삼목대왕은 둘 다 눈이 3개고
동그란 눈썹을 하고 있다. 또한 삼목구 꼬리와
삼목대왕의 머리카락 꼬리가 똑같다.

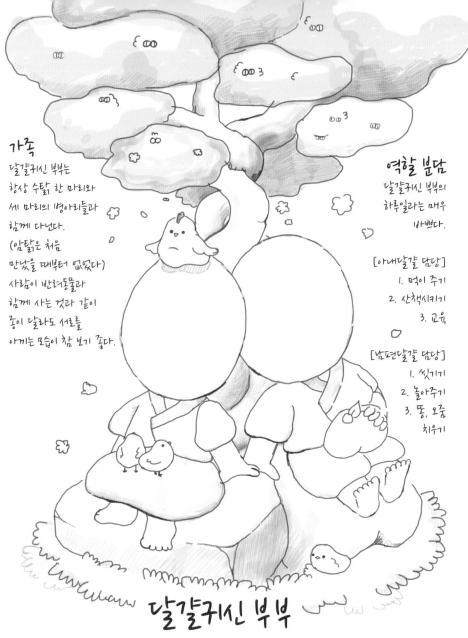

가족

달걀귀신 부부는
항상 수탉 한 마리와
세 마리의 병아리들과
함께 다닌다.
(암탉은 처음
만났을 때부터 없었다)
사람이 반려동물과
함께 사는 것과 같이
종이 달라도 서로를
아끼는 모습이 참 보기 좋다.

역할 분담

달걀귀신 부부의
하루일과는 매우
바쁘다.

[아내달걀 담당]
1. 먹이 주기
2. 산책시키기
3. 교육

[남편달걀 담당]
1. 씻기기
2. 놀아주기
3. 똥, 오줌
치우기

달걀귀신 부부

144

닭살 부부

닭도 참지 못하는 닭살 부부다.

360도

머리 360도 회전 가능

머리 앞뒤 구분이 불가능해서 크게 티가
안 나지만, 사실 달걀귀신은 머리를 360도
회전시키는게 가능하다고 한다.
심지어 엄청 빠르게 할 수 있다.

ㅠㅠ

달걀 얼굴병 진행과정

1일 : 얼굴에 있는 모든 털이 빠진다. 머리카락, 눈썹, 수염, 얼굴 잔털까지 모두!

2일 : 입 가에서부터 달라붙으면서, 입을 벌릴 수 없다. 나중에는 입술까지 저 사라진다.

3일 : 눈이 점점 달라붙으면서 앞을 볼 수 없게 된다.

4일 : 유일하게 남은 코가 점점 뭉개지면서 얼굴이 반들반들한 달걀처럼 된다.

동자삼의 성장과정

평범한 산삼이였던 것이 시간이 아주 오래 흘러서, 땅의 기운을 충분히 흡수하고 이지가 생기면
동자삼이 된다고 한다. 게다가 산삼은 매우 귀한 약초이기에 사람들에게 발견되면 즉시
캐내어지므로 아주 극소수의 산삼만이 동자삼이 될 수 있다.

한 개의 잎꼭지에
큰 잎 3장, 작은 잎 2장
총 5장의 잎이 난다.

자세히 보면
잎의 끝이 뾰족하다.

산삼의 꽃은
빨간색이다.

100년 이상
(동자삼으로 변하기 시작)

동자삼이 되기 시작하면,
원래 나 있던 잎과 꽃이 다
떨어지고, 새롭게 잎이 나기
시작한다.

[200년]
얼굴 윤곽이
뚜렷해짐

동자삼의 성장

동자삼은 생김새가 아기와 매우 비슷하다. 땅이 주는 기운을 흡수하며 살며, 땅속에서 천천히 성장한다.

동자삼 꽃

동자삼이 땅 밖으로 나올 수 있을 정도로 성장하면 꽃이 핀다. 이 자주색 꽃은 가까이에서 맡으면 매우 좋은 향이 난다. 동자삼의 꽃을 먹으면, 죽어가던 사람도 금방 건강해진다고 한다.

[350년]
꽃봉오리가 생김

[500년]
꽃이 피고 땅 밖으로 나갈 수 있음

[400년]
감정&생각 발달

[300년]
손&발가락 발달

zzZ

147

반짝반짝
별똥별 강아지
천구

낭

천구의 성격

아주 긍정적이고 낙천적인 성격!!
항상 뛰어놀고 싶어 하고 가만히 있는
것을 싫어한다. 아무하고나 잘 어울리고
새 친구 만들기에도 적극적이다.
가끔 바보 같을 만큼 순진하다.

천구가 살던 곳은 청백색의 아름다운 별인데,
표면 온도의 절대온도가 1만5000K 이상인
엄청 뜨거운 별이다.

(모)

천구의 동그란 눈썹
하트 같은 눈썹이 매력적!!

천구의 꼬리

천구의 꼬리는 형형색색 빛나는 별과
닮았다. 천구의 꼬리는 털처럼 보이지만
사실은 털이 아닌 몽글몽글한 모양의
불꽃 덩어리라서 형태가 늘 변한다

천구의 꼬리색과 온도 상관관계

청색 - 2만~3만5000K
청백색 - 1만5000K
백색 - 9000K
황백색 - 7000K
황색 - 5500K
주황색 - 4000K
적색 - 3000K

참고!
천구의 꼬리온도와
색의 변화는 별의
표면온도에 따른
색깔 변화와
같다!

6666

＜얼굴귀신과 노상방뇨＞

상습적인 노상방뇨로 인해
고통을 호소하는 얼굴귀신.
담벼락 밖으로 나오지 못하는
운명 때문에 그 고통이
더하다고 합니다!

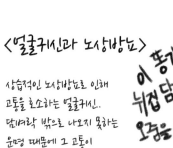

이 통개가
뉘집 담벼락에
오줌을!!!

모신게
뉴스속보!

동자님의 이중생활

순진한 줄로만 알았던 동자님이 낮과 밤 다른 모습으로 은밀한
이중생활을 이어오고 있었던 사실이 밝혀졌습니다!

더 커짐

커짐

괴력난신들의
사회생활 꿀팁!

적굴선생: 세상물정을 모르고 말이
안통하더라도 친절하게 이야기 해주기!

노앵설: 답답해도 화내지말고 항상 참을 인(忍).
불같은 화와 짜증은 사회생활에 독이 될 수 있다!

천록벽사: 국제적인 시대에
맞춰 천록벽사처럼 다양한
언어를 배우도록 하자!
(외계인의 언어까지?)

탁탁귀병: 바른 인사는 원활한 인간
관계를 위한 기본 예절

매화노인: 어디든 꽉막힌 윗사람은 있는 법!

진짜 호랑이

범아

물 만난 고기처럼 수영하는 호랑이와 달리 범은 맥주병. 범은 물이 무섭다!

괴력난신 퇴치법

화장실을 편하게 가고 싶다면 뒷간귀신을 놀라게 하자! 고약해보이는 겉모습과 달리 뒷간귀신의 간은 콩알만하다.

{ 날 놀래케다니 ...

마주치기만 해보라 ...

복숭아 알러지 아님!
복숭아 나무만 보면 도망가던 구미호.
복숭아 알레르기인 줄만 알았던 것이 사실은
나뭇가지를 싫어하던 것!

해질녘에 머리카락을 태우면
도망가는 야광귀. 야광귀로 인해
탈모증세에 시달리는 사람들!

정리된 방, 이쁜 색시가 싫다면?
저절로 집이 깨끗해지는게 싫고 자유를
원한다면 우렁각시를 재촉하자!

우렁각시는
자신을 재촉하면
집을 떠난다.

괴력난신들의
먹고 사는 문제

돈 모이고...
어이구...

아귀의 끝장 먹방!

한 번 먹방을 시작하면 끝나지 않는 아귀.
어떤 먹방 유튜버가 와도 못 이긴다.
단점: 집안이 거덜날때까지 이어지는 방송

사람과 소통이 가능한 닷발괴물새!
하지만 소통된다고 봐주는건 아님
알짤없음.

해태는 먹구름 열매를 좋아해

살려주세요···.
저에겐 토끼같은 자식이···.

흐엉

나라고 자식없냐?
어쩔수없어, 이해해.

해태는 먹구슬을 좋아해~
벌레는 해태를 안 좋아해~
벌레는 인간이 좋다해~

먹구슬 열매를 먹고 같이 단내를 풍기지만, 신성한 신수인 해태에게는
벌레가 가까이 가지 않는다. 반면, 모기와 파리에게 인기많은 인간

매실인가?

매실!

호랑이는 육식을 하지만
창귀는 매실을 좋아한다!
매실만 보면 눈빛이 바뀌는
창귀들.
호랑이를 꼬드겨 총기여서가
먹고있는 매실을 뺏으러 가자!

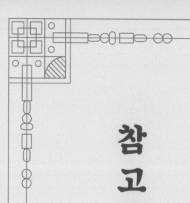

참고문헌 및 출처

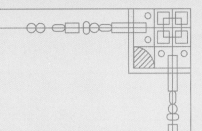

괴력난신들의 원전이 되는 이야기로, 한국의 고전 속에서 수집한 내용을 정리한 부분입니다. 정확한 기록으로 정리되어 있으며, 일부는 그 지역의 언어와 단어들이 사용되어 있음을 알려드립니다.

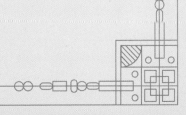

참고문헌 및 출처

캐릭터	문헌	출전	문헌 속 한 줄
강철이	담정총서, 성호사설, 열하일기, 청장관전서, 학고집	신돈복, [학산한언], 보고사 / 이덕무, [청장관전서], 민족문화추진회 / 이익, [성호사설], 한국고전종합DB	며칠 전에 비바람이 크게 일어나더니 어떤 동물 하나가 공중에서 떨어져 우물가에 엎드려 있었답니다. 소 같기도 하고 아닌 것 같기도 하고, 말 같기도 하고 아닌 것 같기도 했습니다. 세상에서는 아직 보지 못한 것이었지요. 용이 아닌가? 의심이 들고, 사람들이 볼까 봐 풀로 덮어 두었습니다.
거구귀	기문총화, 대동기문, 어우야담	유몽인, [어우야담], 돌베개	그 괴물은 입을 벌린 채 길을 막고 있었는데, 윗입술은 하늘에 닿아 있고 아랫입술은 땅에 붙어 있었다. 같이 가던 친구는 겁을 내고 뒷걸음질 쳐서 다른 길로 갔으나, 신숙주는 곧장 입술 가운데로 들어갔다.
거인	동국통감, 마고할미설화, 삼국사기	유몽인, [어우야담], 돌베개 / 세종대왕기념사업회[국역 동국통감] / 김현룡, [한국문헌설화], 건국대학교출판부	신라국은 동남쪽으로 일본(日本)과 가깝고 동쪽으로 장인국(長人國)과 인접해 있다. 장인국의 사람들은 키가 3장(丈)이나 되고 톱 같은 이에 갈고리 같은 손톱을 하고 있다. 또 불에 익힌 음식을 먹지 않고 짐승을 사냥하여 먹으며 때때로 사람도 먹는다.
골출귀	어우야담	유몽인, [어우야담], 돌베개 / [임석재전집 한국구전설화] 5 경기도 편, 247	대문이 열리고 들어오는 것을 보니 왼손, 왼 다리, 얼굴 왼쪽이 없고, 오른손은 불에 데어서 떨어질 것 같고, 왼쪽 몸이 흐늘흐늘해서 보기만 해도 끔찍했다.
구미호	강감찬설화, 여우구슬설화, 의림촬요	손진태, [조선민담집], 민속원 / [한국구비문학대계] 1-2, 167 / 1-3, 418 / 2-2, 340 / 2-6, 639 / 2-8, 646 / 4-2, 470 / 4-2, 649 / 4-2, 791 / 5-4, 448 / 6-5, 145 / 6-5, 274 / 6-5, 358 / 6-5, 687 / 6-7, 35 / 6-8, 135 / 7-16, 578 / 8-1, 114 / 8-8, 580 / 8-9, 621 / 8-13, 59	한 아이가 서당에 가는데 아름다운 여인이 나타나 입을 맞추며 자신과 놀다 가라고 했다. 아름다운 여인에게 마음을 빼앗긴 아이는 서당을 오갈 때마다 그 여인과 만나서 입을 맞추며 놀게 되었고 그때부터 아이의 얼굴이 나빠지기 시작했다.
그슨새	어우야담, 제주도 민담	문화콘텐츠닷컴	그슨새는 주젱이 같이 생겨서 펄럭거리며 날아다니다가 사람에게 덮치면 그 사람은 넋이 나가 죽는다고 한다.
노앵설	용재총화	성현, [용재총화], 지식을만드는지식	그러나 집안에는 아무 해를 끼치는 일이 없었다. 그 목소리가 크고 맑아서 늙은 꾀꼬리 소리 같았다. 낮에는 공중에 떠 있고, 밤에는 대들보 위에 깃들였다.
달걀귀신	민간설화, 파주 탑삭골 전설	아침나무, [상식으로 꼭 알아야 할 세계의 전설: 동양편], 삼양미디어	언젠가 한 청년이 두려움을 무릅쓰고 올라갔다가 헐레벌떡 달려 내려오더니 "그 위에는 얼굴 없는 달걀귀신이 도사리고 앉아 있다."라고 말하고는 그 자리에서 기절하여 죽어버렸다. 그 후로 숲에 귀신이 나타난다는 소문이 떠돌게 되었다.

닷발괴물새	꼬리 닷발 주둥이 닷발 설화, 한국구비문학대계	[한국구비문학대계] 1-4, 36 / 4-6, 188 / 5-7, 542 / 6-7, 84 /8-2, 322 / 8-6, 34 /	아들이 어머니를 찾았는데 어떤 사람이 "너희 어머니는 꼬랭이 댓발 주둥이 댓발 새 두 마리가 와서 잡아먹고 발과 머리만 방에 두고 가죽은 울타리에 넣어놓았다."라고 했다.
동자삼	영험설화, 한국구전, 효행설화	[한국구비문학대계] 1-4, 241 / 1-4, 917 / 2-2, 606 / 2-3, 92 / 2-6, 629 / 2-7, 117 / 3-4, 284 / 4-1, 230 / 4-2, 199 / 4-4, 452 / 4-5, 111 / 4-5, 231 / 4-5, 416 / 4-5, 551 / 4-5, 1065 / 5-2, 787 /5-4, 1012 / 5-7, 11 / 5-7, 745 / 6-3, 96 / 6-3, 500 / 6-4, 265 /6-9, 237 / 6-11, 140 / 6-11, 598 / 6-12, 630 / 6-12, 633 / 6-12, 900 / 7-2, 670 / 7-6, 686 / 7-6, 689 / 7-11, 392 / 7-13, 302 / 7-18, 573 / 8-1, 218 / 8-4, 647 / 8-9, 355 / 9-2, 83	그게 뭔고 하니 그 옛날이, 동자삼이라구, 그게 뭔고 하니, 산 신령이 동자삼을 사람으로, 인형으로 분해 줘서 그 어머니에게 그리게 된 거지. 그러므로 그 효부 효녀가 그 어머니 병을 고쳤단 말이지. 그러니께 아들을 달여서 드린 게 아니라, 동자삼을 달여서 드린 거지.
두억시니	동문선 외 민간설화, 송남잡지, 천예록	조재삼, [송남잡지], 소명출판 / 임방, [교감역주 천예록], 성균관대학교출판부 / 양태진 역, [정감록 : 민족종교의 모태], 예나루 / 신익철 외 역, [교감역주 송천필담], 보고사	다음날부터 그 집과 잔치에 참여했던 사람들 집에 무서운 전염병이 크게 번졌다. 그 아이를 꾸짖고 욕했던 사람, 끌어내라고 했던 사람, 때리라고 했던 사람, 무사와 노복 등 하수인들은 며칠이 되지 않아 먼저 죽었는데, 그 머리가 온통 깨졌다. 잔치에 갔던 사람들도 모두 죽어 한 사람도 살아남지 못하였다. 세상에서 그 아이를 '두억시니'라고 부르나 어디에 근거하는 것인가를 알 수 없다.
뒷간귀신 (측신)	용재총화, 제주도 무가 중 문전본풀이	성현, [용재총화], 지식을만드는지식 / 신동흔, [살아있는 한국 신화], 한겨레 출판	노일제대귀일의 딸은 일곱 형제를 피해 뒷간으로 도망을 치다 뒷간 서까래에 머리털을 걸어 목을 매어 죽어 뒷간 신인 측도부인(厠道婦人)이 되었다. 분노한 형제들은 악녀의 두 다리를 찢어 디딜방아를 만들고, 머리를 떼어 독을 만들고, 머리털을 잡아 뜯어 사방으로 내던져 풀밭이 되고, 손톱을 뽑아 던져 딱지조개가 되고 배꼽을 파 던져 굼벵이가 되고, 항문을 도려 던져 대전복과 소전복이 되고, 몸을 가루로 만들어 바람에 날려 모기와 벼룩과 빈대가 되었다고 한다.
매화노인	죽창한화	김현룡, [한국문헌설화], 건국대학교출판부	어느 날 밤 신 관장의 꿈에 머리가 하얀 백두옹이 나타나 화를 내며 "나는 100년 동안 편하게 잘살고 있었는데 하루아침에 나를 억지로 옮기는 바람에 죽게 되었으니 너도 오래 살지 못할 것이다."라고 말했다. 이 꿈을 꾼 뒤 얼마 지나지 않아 매화나무는 말라 죽었고 신 관장 또한 이어서 사망하였다.
퉁팅	무속신앙, 이우야담, 황진이일화	유몽인, [어우야담], 돌베개 / 김선풍, [한국민속종합조사보고서], 문화재관리국	황진이가 기생이 되기 전 그녀에게 반하여 상사병을 앓다가 죽은 총각이 있었다. 총각을 묻으려고 상여를 옮기는데 총각의 상여가 황진이의 집 앞을 지나려는데 땅에 달라붙어 떨어지지 않았다. 그때 황진이가 자신의 속적삼을 얹어주고 위로의 말을 해주니 상여가 떨어졌다.

묘두사	송도기이	[국역 대동야승], 민족문화문고 간행회	어떤 물건이 구멍에서 불쑥 나왔는데 마치 고양이 새끼의 머리와 같은 것이 비늘이 번쩍였다. 까마귀 떼가 짖어 대고 새들이 날아 그 위를 맴돌므로 절에 있는 중들은 무서워서 감히 가까이 가보지도 못하고 또한 무슨 물건인지 알 수도 없었는데, 그 혓바닥이 날름거리므로 비로소 뱀인 줄을 알았다.
물귀신	어우야담	유몽인, [어우야담], 돌베개 / [한국구비문학대계] 8-11, 477 / 무라야마 지준, [조선의 귀신], 민속원	물에 빠져 죽은 사람의 혼이 물귀신으로 된다. 물귀신은 금과 은을 싫어한다. 그러므로 강과 바다를 건널 때 금과 은을 지니고 있으면 그를 면할 수 있다.
방상시	고려사	[고려사], 사회과학원출판사 / 국민족문화대백과사전편찬부, [한국민족문화대백과사전]	방상시는 곰의 가죽을 덮어쓴 채, 황금의 네 눈을 갖고 있다. 검은 저고리에 붉은 치마를 입고, 창과 방패를 든 채, 백예百隸를 거느리고 철에 따라 나儺를 행함으로써 집안을 뒤져 역귀疫鬼를 몰아냈다. 대상을 치를 때에는 상여 앞에서 가는데, 묘지에 도착하면 무덤 안으로 들어가 창으로 네 모퉁이를 찔러 방량方良을 쫓아버렸다.
범	장산범, 해와 달이 된 오누이	[한국구비문학대계] 1-2, 422 / 1-4, 81 / 1-5, 308 / 1-7, 272 / 1-7, 761 / 1-8, 321 / 1-9, 209 / 2-5, 104 / 2-6, 473 / 2-6. 560 / 2-7, 123 / 2-7, 236 / 2-7, 513 / 3-2, 408 / 3-4, 782 / 4-5, 178 / 5-1, 49 / 4-4, 330 / 4-5, 751 / 5-2, 516 / 5-2, 529 / 5-2, 629 / 5-3, 312 / 6-4, 881 / 6-5, 388 / 6-7, 72 / 6-8, 22 / 6-8, 728 / 6-10, 73 / 6-10, 304 / 6-11, 613 / 6-12, 585 / 6-12, 627 / 7-1, 427 / 7-4, 118 / 7-5, 52 / 7-8, 342 / 7-6, 199 / 7-8, 509 / 7-10, 330 / 7-10, 642 / 7-12, 144 / 7-15, 481 / 7-17, 559 / 8-4, 555 / 8-12, 350 / 9-1, 674	삼남매를 두고 미영을 메로 갔는데 한 사나흘 메구 메밀묵을 해줘서 그걸 가지구 함지에 담어 이고 오니까루, 이렇게 한 고개를 훌훌 넘어오니까루 호랑이가, "아주머니, 아주머니 그게 뭐유? 그거 주면 안 잡아 먹지."그러더래요. 그래서 한 모 주고, 한 모 주고, 그냥 다 주고서는, 나중에는 함지꺼정 다 뺏기고, 인저 그 수족꺼정, '팔 한짝 잘라주면 안잡아 먹지' 그래서- 그러니깐 그 호랑이가 자꾸 고개 넘어가며 그러는 거유.
불가사리	송남잡지	조재삼, [송남잡지], 소명출판 / [불가사리전] / [한국구비문학대계] 2-7, 79 / 4-4, 345 / 5-4, 176 / 7-13, 622 / 7-15, 517 / 8-9, 721 / 8-13, 592 / 8-14, 189	민간에 전하기를 송도(松都) 말년에 어떤 괴물이 있었는데, 쇠붙이를 거의 다 먹어 버려 죽이려고 하였으나 죽일 수가 없었다. 그러므로 '불가살(不可殺)'이라고 이름하였다. 불에 던져 넣으면 온몸이 불덩어리가 되어서 인가(人家)로 날아들어 집들이 또한 다 불에 타 버렸다.
삼목구	불교설화, 청장관전서	이덕무, [청장관전서], 민족문화추진회 / 윤열수, [신화 속 상상동물 열전], 한국문화재보호재단	그러던 어느 날 밤길을 가다 어두컴컴한 고갯마루에서 짐승 한 마리와 마주쳤다. 놀란 거인이 자세히 살펴보니 누런 털에 검은 줄이 있는 것이 호랑이와 비슷한데 귀와 머리 모양은 개와 같았다. 이상하기도 했지만, 더 섬뜩한 것은 파랗게 번득이는 눈이 세 개나 되었기 때문에 거인은 등에 땀이 주르륵 흘렀다.

삼충	단종실록, 방약합편, 산림경제	[조선왕조실록], 한국고전종합DB / 황도연, [방약합편], 여강출판사 / [산림경제], 한국학술정보	삼충이 먹이를 찾는 때는 병을 앓은 뒤 창자와 위가 텅 빌 때다. 그러면 사람의 오장을 갉아먹는데 이를 호혹이라 한다. 이 지경에 이르면 사람은 금방 죽는다. 위쪽 폐의 핏줄을 먹으면 목구멍이 가렵고 아래쪽의 대장을 먹으면 항문이 가려워 견딜 수 없게 된다. 그럴 때는 자귀나무를 아궁이에 떼고, 연기를 입이나 가려운 쪽인 항문에 쐬면 된다.
석굴선생	동패락송	김현룡, [한국문헌설화], 건국대학교출판부	"두 사람이 배에서 내려 산에 올라 석굴 속으로 들어가니, 넓은 천지가 열리고 붉은 수염 난 노인이 돌의자에 앉아 있었다.
성주신	가신신앙, 동국세시기, 조선무속고	신동흔, [살아있는 한국 신화], 한겨레 출판	민가에서는 10월을 상달이라 하여 무당을 데려다가 성조신을 맞이하여 떡과 과일을 차려 놓고 기도함으로써 집안을 편안히 하였다(人家以十月上月 激巫迎成造之神 設餠果祈禱以安宅兆).
손아랑 (손각시)	무속신앙, 신립설화	[한국구비문학대계] 1-2, 164 / 1-7, 586 / 2-2, 416 / 2-6. 387 / 2-8, 839 / 2-9, 814 / 3-1, 71 / 3-1, 91 / 3-1, 182 / 3-1, 309 / 3-2, 387 / 3-2, 703 / 3-3, 156 / 3-4, 96 / 4-1, 294 / 4-2, 133 / 5-4, 157 / 5-4, 674 / 5-7, 102 / 6-2, 765 / 6-4, 523 / 6-9, 526 / 6-11, 521 / 7-5, 278 / 7-6, 377 / 7-13, 75 / 7-13, 308 / 7-15, 455 / 7-17, 518 / 7-18, 343 / 8-7, 137 / 8-7, 359 / 8-8, 66 / 8-8, 396 / 8-9, 217	그 사람이 잠을 자는데 꿈에 어떤 여자가 목에 칼을 품고 와서 원수를 못 갚아서 이렇게 돌아다닌다며, 원수를 갚아 달라고 했다.
수룡	삼국사기, 삼국유사, 설화	김부식, [삼국사기], 한불학예사 / 일연, [삼국유사], 신원문화사	해룡이 갑자기 부인을 잡아당겨 바닷속으로 들어갔다. 순정공은 허둥지둥 발을 구르며 야단을 쳤으나 아무런 계책이 나지 않았다.
식인귀	설화	문화콘텐츠닷컴	그런데 그때 '아작, 아작'하는 소리가 들려 부상병인 줄 알고 일어나 살펴보니 식인귀가 시체의 머리를 뜯어먹고 있었다. 놀란 화룡은 동료 병사들의 시체를 파고들어 가 숨었으나 결국에는 화룡의 차례가 되고 말았다.
아귀	민간설화, 불교설화, 어우야담	[대목건련명간구모변문(大目乾連冥間救母變文)]	지옥에서 구원을 받은 목련존자의 어머니는 아귀도에 떨어져 목이 바늘구멍처럼 가늘어지고 배는 태산처럼 부어올랐다. 목련존자가 가져다준 음식이나 물을 먹자 그것들이 불길이 되었다.
야광귀	경도잡지, 세시기, 세시기속, 세시풍요	[한국민속대백과사전], 국립민속박물관 민속연구과 / 유득공, [경도잡지], 조선교서간행휘 / [한국민속종합조사보고서(1971)-충북편 1집], 문화재관리국	정월 초하루나 정월대보름을 전후한 날 밤에 인가에 내려와 사람들의 신을 신어보고 발에 맞는 것을 신고 간다고 하는 귀신. '야광귀(夜光鬼)' 또는 '신발 귀신'이라고도 한다. 이 귀신이 신발을 신어보고 발에 맞는 것을 가져가면 신발의 주인은 일 년 동안 운수가 불길하다고 믿어, 이를 예방하기 위해 신발을 방 안에 숨기고 문밖에는 체를 걸어두는 풍속이 있다. 이것을 '야광귀 쫓기'라고 한다.

어둑시니	민간설화	[조선향토대백과], 평화문제연구소 / [한국구비문학대계 DB], 도깨비는 보면 볼수록 커진다, 전남 무안군 일로읍/[한국구비문학대계 DB], 도깨비를 만났을 때 하늘을 보면 안된다, 여수시 화정면 적금리	평안남도 양덕군 추마리 오봉산과 돌고개 사이에 있는 골짜기. 어둥이고개로 오르는 골짜기이다. 어두워지면 어둑시니(어둥)라는 귀신이 나타난다고 하여 어둥골이라 하였다.
얼굴귀신	해동잡록	[국역 대동야승], 민족문화문고 간행회	접근해 보니 얼굴의 크기가 울타리에 가득하여 참으로 귀신에 의한 괴변이었다. 진퇴유곡의 처지가 되자 힘차게 달려들어 몰아내려고 하니, 그 형상이 점점 사라져버렸다. 물러서서 돌아다 보니, 오직 얼굴만 울타리 위에 걸려 있을 따름이었다.
업신	가신신앙, 무당굿 중 대감타령, 민간설화	한국민족문화대백과사전편찬부, [한국민족문화대백과사전], 한국정신문화연구원 / 서대석 외, [안성무가], 집문당	업신은 각 가정에서 그 집안의 재운(財運)을 관장하는 신령이다. 터주가 최근까지 보편적으로 도봉구 일대의 가정에서 모셨던 가신(家神)이었던 반면에, 업신의 경우는 해당되는 집에서만 모셨고, 집안에서 업신이 나가면 가운(家運)이 쇠퇴한다고 믿었다.
외다리귀신	학산한언, 청구야담	신돈복, [학산한언], 보고사 / 이강옥 역, [청구야담], 문학동네	비가 내리고 있었기에 삿갓과 도롱이 차림이 특이한 것은 없었으나, 그 사람의 눈은 이글이글 타는 횃불과 같았고, 다리는 하나뿐인데도 바람처럼 내달렸다.
우렁각시	민간설화	[한국구비문학대계] 4-5, 775 / 4-6, 192 / 4-6, 554 / 5-1, 265 / 5-2, 98 / 5-2, 163 / 5-2, 224 / 5-2, 225 / 5-2, 536 / 5-2, 751 / 5-4, 323 / 5-4, 834 / 5-4, 1096 / 5-5, 310 / 5-5, 702 / 5-7, 191 / 5-7, 420 / 6-3, 666 / 6-5, 170 / 6-9, 614 / 6-11, 106 / 7-1, 271 / 7-5, 318 / 7-12, 169 / 8-9, 598 / 8-13, 505 / 8-14, 774	하루는 총각이 밭에서 일을 하다가 "이렇게 뙤밭을 쳐서 누구하고 먹고살까?"라고 하였다. 그러자 어디선가 "나하고 먹고살지 누구하고 먹고살아."라는 대답이 들렸다. 총각은 아무리 주변을 찾아보아도 사람은 없는데 소리가 나자 이상한 생각이 들었다. 잠시 후 또 소리가 나기에 둘러보니 큰 우렁이가 말을 하는 것이었다.
이무기	성호사설, 어우야담, 오주연문장전산고, 조선민담집	이익, [성호사설], 한국고전종합DB / 유몽인, [어우야담], 돌베개 / [오주연문장전산고], 한국고전종합DB / 손진태, [조선민담집], 민속원	한 무제(漢武帝)는 심양강(潯陽江) 물속에 있는 이무기[蛟]를 친히 활로 쏘아서 잡았다고 한다. 이 이무기란 즉 용이라는 것이니, 역시 사령(四靈) 중의 하나다. 깊은 못에 숨어 있다가도 솟아오르면 하늘에 가 있게 되고, 움직이기만 하면 바람과 우레가 따르게 된다. 더구나 온 몸뚱이에 갑옷처럼 생긴 비늘이 덮였는데 어찌 화살로 쏘아 잡을 수 있겠는가?
장발귀	어우야담	유몽인, [어우야담], 돌베개	갑자기 무언가가 집 모퉁이에 와 섰다. 몸에 걸친 감색 옷은 길이가 발뒤꿈치까지 닿았으며, 흐트러진 머리는 땅까지 늘어져 바람결에 헝클어져 있었다. 산발한 머리카락 사이로 두 눈동자가 고리처럼 휘둥그레서 겁이 날 정도였다.

조왕신	가신신앙	신동흔, [살아있는 한국 신화], 한겨레 출판	형제들이 샘으로 달려가 엉엉 우니 갑자기 샘물이 말라 여산부인의 시체가 나타났고 마침 그 자리를 지나가던 곽새가 내 등에 타면 서천 꽃밭에 갈 수 있다고 알려주어 곽새를 타고 서천 꽃밭에서 생불꽃을 가져와 어머니를 되살렸다. 형제들은 사시사철 샘물 속에서 물을 먹은 어머니가 추울 것 같다며 하루 세 번 더운 불을 쬘 수 있는 부엌의 조왕할머니가 되라 했다.
쥐도령	둔갑쥐설화, 어우야담	유몽인, [어우야담], 돌베개 / [한국구비문학대계]1-4, 154 / 1-7, 782 / 2-6. 405 / 2-7, 395 / 2-9, 125 / 3-1, 338 / 3-2, 221 / 3-2, 485 / 3-4, 892 / 4-3, 414 / 4-5, 631 / 4-6, 501 / 5-1, 497 / 5-4, 603 / 5-4, 967 / 5-5, 431 / 6-3, 682 / 6-5, 27 / 6-5, 30 / 6-11, 519 / 7-6, 93 / 7-8, 162 / 7-13, 111 / 7-18. 528 / 8-6, 835 / 8-14, 180 / 8-14, 653 / 9-3, 713 / 9-3, 726 / [임석재전집 한국구전설화] 7,62	아들이 고양이를 소매에 넣고 집으로 갔는데, 식구들은 이상한 사람이라며 내쫓으려고 했다. 아들은 할 말이 있다며 가짜 아들을 만나게 해달라고 부탁했다. 방에 누워있던 가짜 아들이 방문을 열었는데 진짜 아들은 소매 속의 고양이를 꺼냈다. 고양이가 누워있는 가짜 아들을 물자, 쥐로 변해서 죽어버렸다.
지귀	대동운부군옥, 삼국유사	권문해 남명학연구소 경상한문학연구회, [대동운부군옥], 소명출판 / 일연, [삼국유사], 신원문화사	잠에서 깬 지귀는 여왕이 다녀간 것을 알고 슬픔에 복받쳐 기절했다가 가슴속에서의 불이 솟아올라 탑을 둘렀다. 마침내 지귀는 불을 일으키는 화귀(火鬼)로 변한 것이다.
지룡	풍수지리설		
지박령	설화	지박령이라는 단어가 현대에 만들어져 고전에서 찾아볼 수는 없지만 그와 비슷한 유형의 자료들을 많이 찾아볼 수 있다.	농부가 죽은 후로, 그 주막집에 손님이 묵어가면 어디선가 새벽닭 울음소리가 들려왔고 그 소리를 들을 손님은 허둥지둥 길을 나섰다가 반드시 농부가 죽은 자리에서 시체로 발견되곤 하였다.
지하국대적	대도적퇴치 설화	[임석재전집 한국구전설화] 1, 144 / 2, 80 / 2, 90 / 2, 592 / 3, 173 / 5, 248 / 12, 73 / 12, 75 / [조선전래동화집] 200 / 372 / [조선설화집] 267 / 270 / 274 / 279 / 283 / [강원구비문학전집] 179 /188 / [한국구비문학대계] 1-1, 505 / 1-3, 302 / 1-7, 564 / 1-7, 625 / 5-2, 579 / 5-4, 788 / 5-7, 210 / 6-1, 362 / 6-7, 712 / 7-5, 276 / 7-14, 646 / 7-16, 39 / 8-5, 1097 / 8-6, 88 / 8-8, 388 / 1-3, 353 / 1-4, 67 / 1-7, 292 / 2-5, 143 / 4-3, 491 / 6-3, 677 / 7-16, 420 / 8-9, 957 / 최인학, [한국민담의 유현연구], 422 / 박연준, [한국의 접설] 5, 153 / 최윤식, [충청남도 민담], 128 / 홍태환, [한국의 민담], 91 / 임동권, [한국의 민담], 221 / 최윤식, [한국의 민담], 45 / 53 / 김균태,	옛날 지하국에 머리가 아홉 달린 괴물이 살고 있었다. 괴물은 가끔 인간계에 나타나 세상을 어지럽히거나 예쁜 여자를 납치해가는 것을 일삼았다. 그러던 어느 날, 괴물이 왕의 딸인 세 명의 공주를 한 번에 전부 납치했다. 왕은 모든 신하에게 명해 괴물을 잡아 오도록 묘책을 강구하였으나 어느 누구도 이렇다 할만한 대책을 말하지 못했다.

		[부여의 구비설화] 2, 121 / 최래옥, [전북민담], 106 / 김광순, [경북민담], 116 / 233 / 진성기, [남국의 전설], 106 / [해운대민속], 163 / [반필석전] / [김원전] / [이수문전] / [최고운전] / [금방울전] / [홍길동전] / [취취전] / [운수전] / [서해무릉기] / [이화설전] / [임진록]	
창귀	성호사설, 어우야담, 열하일기, 청장관전서	유몽인, [어우야담], 돌베개 / 이덕무, [청장관전서], 민족문화추진회 / 이익, [성호사설], 한국고전종합DB / 박지원, [호질]	"호랑이가 사람을 한 번 잡아먹으면 굴각(屈閣)이라는 창귀가 되어 호랑이 겨드랑이에 붙어산다. 호랑이가 부엌으로 가서 솥을 핥으면 집주인이 갑자기 배가 고파 부인에게 야참을 시켜 오라고 하는데, 이때 부엌으로 향하던 부인을 호랑이가 물어가는 것이다.
천구	기언, 동사강목, 삼국유사	허목, [국역 기언], 한국고전번역원 / 민족문화추진회, [동사강목], 민족문화문고간행회 / 일연, [삼국유사], 신원문화사	머리가 항아리만 하고, 꼬리는 사람 키의 절반쯤 되는 정도의 길이이며 불같은 빛이 일어 매우 밝다. 하늘 위에 있는 것인데 가끔 땅으로 떨어진다. 아주 높은 곳에서 빠른 속도로 떨어지기 때문에, 천구가 땅에 떨어지면, 그 힘 때문에 땅이 넓게 패이고 작은 지진이 생길 때도 있다.
천록벽사	이목구심서	[청장관전서 VIII(국역):이목구심서(고전국역총서 191)], 민문고	아주 작은 사슴 크기의 동물인데, 얼굴은 호랑이나 사자와 같은 사나운 호랑이 모양으로 되어 있다. 이마에 뿔이 하나 돋아나 있는데, 또 온몸은 비늘로 덮여 있기도 하다. 발은 사나운 형체이다. 모습은 그렇지만, 특별히 무섭게 보이지 않는 모습으로 크기도 작다.
충기여서	어우야담	유몽인, [어우야담], 돌베개	수많은 숫자가 떼거리로 날아다니는 작은 버들강아지 모양의 솜털 같은 것이다. 온 방 안을 가득 채울 만큼 많은 양으로 몰려와 사람이 있는 곳에 와 괴롭힌다. 사람 몸속으로 파고들면 살갗에 병이 생겨 고생하게 된다.
탁탁귀병	연려실기술	이긍익, [연려실기술], 금성출판사	어느 날 저녁에, 탁탁(啄啄)하는 귀병(鬼兵)이 온다는 말이 성안에 와전되어 다투어 일어나 쫓느라고 밤 이경(二更)에 포(砲)와 북이 어지럽게 울리고, 불빛이 하늘에 비치니 궁중이 모두 두려워하였는데, 그 원인을 추측할 수 없었다. 임금이 놀라 비상한 변에 대처할 수 있는 사람을 택하게 하였다.
해태	동국세기, 민간속설, 민화	윤열수, [신화 속 상상동물 열전], 한국문화재보호재단	열매도 과일도 먹지만 힘은 장사라서 백수(百獸)가 당해낼 수 없다. 그리고 시비(是非)와 선악(善惡)을 판단 할 수 있어서 악한 사람이 주변에 있다면 달려들어 물어뜯는다.
호문조	청장관전서	이덕무, [청장관전서], 민족문화추진회	바닷가에 사는 커다란 새로 크기는 사람의 몇 배 정도인 사나운 새이다. 머리가 특히 커서 커다란 항아리와 같이 크고, 날개도 몸집에 어울리게 큼직한데, 날개에는 호랑이와 같은 얼룩무늬가 있다. 대체로는 붉은색을 띤 부분이 많다. 덩치가 커서 매우 느리고 무겁게 움직이는 편이지만, 하늘로 마음대로 날 수 있다.

황룡	고려사, 삼국사기, 어우야담, 한국민속문학사전	[고려사], 사회과학원출판사 / 김부식, [삼국사기], 한불학예사 / 유몽인, [어우야담], 돌베개 / [한국민속문학사전], 국립민속박물관 / 윤열수, [신화 속 상상동물 열전], 한국문화재보호재단	고대 중국에서 황룡은 황제의 상징이었다. 용 중에서 존귀한 용신이라고 하며 지상에 경사로운 일이 생기면 등장하는 상서로운 용이며 모든 용을 거느리는 용들의 수장이라고 한다.
회음	성호사설	이익, [성호사설], 한국고전종합DB	옛날에 어떤 예쁜 여인이 박연(朴淵)에 놀러 가서 가슴을 드러내고 씻었더니, 검은 구름이 일어나고 못 속에서 괴물이 나타나는데 머리와 얼굴은 분별할 수 없으나 눈의 광채가 번개와 같으며, 폭풍이 불고 우레가 진동하면서도 산 밖에까지 미치지 않았는데, 조금 뒤에 그 여인이 죽었다.

묘신계록 제1권

Encyclopedia of MeoShinKe Monsters Book 1

ⓒ 2022-2023 HWA HWA CO., LTD. All rights reserved.

초판1쇄 발행 2023년 1월 25일

디자인 및 제작   주식회사 화화
발행처   주식회사 화화
주 소   부산시 해운대구 센텀중앙로 48 에이스하이테크 21
전 화   051-746-2456
팩 스   051-746-2455
홈페이지   http://hwahwa.com
블로그   https://blog.naver.com/hwahwa_studio
인스타그램   https://www.instagram.com/meoshinke/
네이버스토어   https://smartstore.naver.com/hwahwa

ISBN   979-11-967556-8-3 [04910]
       979-11-967556-7-6 (세트)